清涼國師華嚴經疏鈔

청량국사 화엄경소초 2

— 화엄현담 ② —

청량징관 찬술 · 관허수진 현토역주

운주사

서언

천이백 년 침묵의 역사를 깨고

오늘도 나는 여전히 거제만을 바라본다.
겹겹이 조종하는 산들
산자락 사이 실가닥 저잣길을 지나 낙동강의 시린 눈빛
그 너머 미동도 없는 평온의 물결 저 거제만을 바라본다.
십오 년 전 그날 아침을 그리며 말이다.
나는 2006년 1월 10일 은해사 운부암을 다녀왔다.
그리고 그날 밤 열한 시 대적광전에서 평소에 꿈꾸어 왔던 『청량국사 화엄경소초』 완역의 무장무애를 지심으로 발원하고 번역에 착수하였다.
나의 가냘픈 지혜와 미약한 지견으로 부처님의 비단과도 같은 화장세계에 청량국사의 화려하게 수놓은 소초의 꽃을 피워내는 긴 여정을 시작한 것이다.
화엄은 바다였고 수미산이었다.
그 바다에는 부처님의 용이 살고 있었고
그 산에는 부처님의 코끼리가 노닐고 있었다.
예쁘게 단장한 청량국사 소초의 꽃잎에는 부처님의 생명이 태동하고 있었고,
겁외의 연꽃 밭에는 영원히 지지 않는 일승의 꽃이 향기를 뿜어내고

있었다.
그 바다 그 산 그리고 그 꽃밭에서 10년 7개월(구체적으로는 2006년 1월 10일부터 2016년 8월 1일까지) 동안 자유롭게 노닐었다.
때로는 산 넘고 강 건너 협곡을 지나고
때로는 은하수 별빛 따라 오작교도 다니었다.
삼경 오경의 그 영롱한 밤
숨쉬기조차 미안한 고요의 숭고함
그 시공은 영원한 나의 역경의 놀이터였다.

애시당초 이 작업은 세계 인문학의 자존심
내가 살아 숨쉬는 이 나라 대한민국 그리고 불교의 자존심에 기인한 것이다.
일찍이 그 누가 이 청량국사의 『화엄경소초』를 완역하였다면 나는 이 작업을 하지 않았을 것이다.
지금도 여전히 완역자는 없다.
더욱이 이 『청량국사화엄경소초』의 유일한 안내자 인악스님의 『잡화기』와 연담스님의 『유망기』도 그 누가 번역한 사실이 없다.
그러나 내 손안에 있는 두 분의 『사기』는 모두 다 번역하여 주석으로 정리하였다.

이 청량국사 화엄경의 소는 초를 판독하지 않으면 알 수가 없다.
그래서 그 이름을 구체적으로 대방광불화엄경수소연의초大方廣佛華嚴經隨疏演義鈔라 한 것이다.

즉 대방광불화엄경의 소문을 따라 그 뜻을 강연한 초안의 글이라는 것이다.

청량국사는 『화엄경』의 소문을 4년(혹은 5년) 쓰시되 2년차부터는 소문과 초문을 함께 써서 완성하시고 5년차부터 8년 동안 초문을 쓰셨다.

따라서 그 소문의 양은 초문에 비하면 겨우 삼분의 일에 지나지 않는다 할 것이다.

나는 1976년 해인사 강원에서 처음 『청량국사화엄경소초 현담』 여덟 권을 독파하였고,

1981년부터 3년간 금산사 화엄학림에서 『청량국사화엄경소초』를 독파하였다.

그때 이미 현토와 역주까지 최초 번역의 도면을 완성하였고,

당시에 아쉽게 독파하지 못한 십정품에서 입법계품까지의 소초는 1984년 이후 수선 안거시절 해제 때마다 독파하여 모두 정리하였다.

그러나 번역의 기연이 맞지 않아 미루다가 해인사 강주시절 잠시 번역에 착수하였으나 역시 기연이 맞지 않아 미루었다.

그리고 드디어 2006년 1월 10일 번역에 착수하여 2016년 8월 1일 십만 매 원고로 완역 탈고하고, 2020년 봄날 시공을 초월한 사상 초유 『청량국사화엄경소초』가 1,200년 침묵의 역사를 깨고 이 세상에 처음 눈을 뜨게 된 것이다.

번역의 순서는 먼저 입법계품의 소초, 다음에는 세주묘엄품 소초에서 이세간품 소초까지, 마지막으로 소초 현담을 번역하였다.
번역의 형식은 직역으로 한 글자도 빠뜨리지 않고 번역하였다. 따라서 어색하게 느껴지는 곳도 있을 것이다.
예를 들면 소所 자를 "바"라 하고, 지之 자를 지시대명사로 "이것, 저것"이라 하고, 이而 자를 "그러나"로 번역한 등이 그렇다.
판본은 징광사로부터 태동한 영각사본을 뿌리로 하였고, 대만에서 나온 본과 인악스님의 『잡화기』와 연담스님의 『유망기』와 또 다른 사기 『잡화부』(잡화부는 검자권부터 광자권까지 8권만 있다)를 대조하여 번역하였다.

앞에서 이미 말한 것처럼, 그 누가 청량국사의 『화엄경소초』를 완역한 적이 있었다면 나는 이 번역에 착수하지 않았을 것이다.
지금까지 이 황금보옥黃金寶玉의 『청량국사화엄경소초』가 번역되지 아니한 것은 나에게 주어진 시대적 사명이고 역사적 명령이라 생각한다.
나는 이 『청량국사화엄경소초』의 완역으로 불조의 은혜를 갚고 청량국사와 은사이신 문성노사 그리고 나를 낳아준 부모의 은혜를 일분 갚는다 여길 것이다.

끝으로 이 『청량국사화엄경소초』가 1,200년의 시간을 지나 이 세상에 눈뜨기까지 나와 인연한 모든 사람들 그리고 영산거사 가족과 김시열 거사님께 원력의 보살이라 찬언讚言하며, 나의 미약한 번역으로 선지자의 안목을 의심케 할까 염려한다.

마지막 희망이 있다면 이 『청량국사화엄경소초』의 완역 출판으로 청량국사에 대한 더욱 깊고 넓은 연구와 『화엄경』에 대한 더욱 다양한 연구가 이루어지기를 바라는 것뿐이다.

장세토록 구안자의 자비와 질책을 기다리며 고개 들어 다시 저 멀리 거제만을 바라본다.

여전히 변함없는 저 거제만을.

2016년 8월 1일 절필시에 게송을 그리며

長廣大說無一字 장광대설무일자
無碍眞理亦無義 무애진리역무의
能所兩詮雙忘時 능소양전쌍망시
劫外一經常放光 겁외일경상방광

화엄경의 장대한 광장설에는 한 글자도 없고
화엄경의 걸림없는 진리에는 또한 한 뜻도 없다.
능전의 문자와 소전의 뜻을 함께 잊은 때에
시공을 초월한 경전 하나 영원히 광명을 놓누나.

불기 2564년 음력 1월 10일 최초 완역장
승학산 해인정사 관허 수진

· 청량국사화엄경소초 ·

- 화엄경소초현담華嚴經疏鈔玄談(1~8)

- 화엄경소초華嚴經疏鈔
    1. 세주묘엄품世主妙嚴品
    2. 여래현상품如來現相品
    3. 보현삼매품普賢三昧品
    4. 세계성취품世界成就品
    5. 화장세계품華藏世界品
    6. 비로자나품毘盧遮那品
    7. 여래명호품如來名號品
    8. 사성제품四聖諦品
    9. 광명각품光明覺品
    10. 보살문명품菩薩問明品
    11. 정행품淨行品
    12. 현수품賢首品
    13. 승수미산정품昇須彌山頂品
    14. 수미정상게찬품須彌頂上偈讚品
    15. 십주품十住品
    16. 범행품梵行品
    17. 초발심공덕품初發心功德品
    18. 명법품明法品

• 청량국사화엄경소초 •

19. 승야마천궁품 昇夜摩天宮品

20. 야마천궁게찬품 夜摩天宮偈讚品

21. 십행품 十行品

22. 십무진장품 十無盡藏品

23. 승도솔천궁품 昇兜率天宮品

24. 도솔천궁게찬품 兜率天宮偈讚品

25. 십회향품 十廻向品

26. 십지품 十地品

27. 십정품 十定品

28. 십통품 十通品

29. 십인품 十忍品

30. 아승지품 阿僧祇品

31. 여래수량품 如來壽量品

32. 보살주처품 菩薩住處品

33. 불부사의법품 佛不思議法品

34. 여래십신상해품 如來十身相海品

35. 여래수호광명공덕품 如來隨好光明功德品

36. 보현행품 普賢行品

37. 여래출현품 如來出現品

38. 이세간품 離世間品

39. 입법계품 入法界品

대방광불화엄경수소연의초 권제2
大方廣佛華嚴經隨疏演義鈔 卷第二

疏

歸命十方極三際인 塵刹圓明調御師이시고 法界功德大悲雲과 毘盧遮那大智海와 所住甚深眞法性으로 所流圓滿修多羅와 一一塵方佛會中에 普賢文殊諸大士하옵고 我今欲以一毛智로 測量無邊法界空하나니 願承三寶同體慈하야 句句冥符諸佛意하며 俾令法眼常無缺하야 盡衆生界如普賢하며 迴茲勝善洽群生하야 速證菩提常樂果하야지이다

시방세계와 삼세[1]를 다한
미진수 국토에[2] 원만하고 밝은 조어사이시고,
법계의 공덕이신 대비의 구름과
비로자나 큰 지혜의 바다와

---

1 시방은 시간이고, 삼세는 공간이다.
2 미진수 이하는 불보를 말하는 것이니 모든 부처님이고, 비로자나 이하는 화엄의 근본 부처님이다.

머무시는 바 깊고도 깊은³ 진실한 법성으로
유출한 바인 원만한 수다라와,
낱낱 미진수⁴ 방처方處의 부처님 회상 가운데
보현보살과 문수보살과 모든 대사에게 귀명하옵고,
내가 지금⁵ 한 털끝의 지혜⁶로
끝없는 법계의 공을 측량하고자 하나니,
원컨대 삼보의 동체 대비를 받아
구절구절마다 모든 부처님의 뜻에 그윽이 부합케 하시며,
법안으로 하여금 항상 결함이 없어
모든 중생계가 보현과 같게 하시며,
이 수승한 선근을 회향하여⁷ 중생을 흡족케 하시어,
큰 깨달음과 영원한 즐거움⁸의 과보를 속히 얻게 하여지이다.

鈔

自下는 第二에 歸敬三寶하고 請威加護니 有十六句라 大分爲三호리니 初有八句는 正歸敬三寶요 次有六句는 請威加護요 後有二句는

---

3 머무시는 바 깊고도 깊다 한 이하는 법보이다.
4 낱낱 미진수 이하는 승보이다.
5 내가 지금이라 한 등은 위신력으로 가피하여 보호해 주기를 청하는 것이다.
6 원문에 일모지一毛智는 보잘 것 없는 지혜, 작은 지혜를 말한다.
7 이 수승한 선근을 회향한다고 한 이하는 선근을 회향하여 중생에게 베푸는 것이다.
8 영원한 즐거움이란 대열반이다.

迴施衆生이라

여기로부터 아래는 제 두 번째 삼보에 귀명하여 공경하고 위신력으로 가피[9]하여 보호해 주기를 청하는 것이니
열여섯 구절이 있다.
크게 나누어 세 가지로 하리니,
처음에 여덟 구절이 있는 것은 바로 삼보에 귀명하여 공경하는 것이요,
다음에 여섯 구절이 있는 것은 위신력으로 가피하여 보호해 주기를 청하는 것이요,
뒤에 두 구절이 있는 것은 선근을 회향하여 중생에게 베푸는 것이다.

初中에 初句는 總明이요 餘皆別顯이니 今初라 歸命二字는 顯能歸相이니 二業普周하야 歸向依託無盡三寶니라 但云命者는 以人所寶重이 莫過身命이니 今將仰投니라 十方已下는 所歸分齊니 十方은 橫遍이요 三際는 竪窮이라 極은 通橫竪라하니라

처음 가운데 처음 구절은 한꺼번에 밝힌 것이요,
나머지는 다 따로 나타낸 것이니,
지금은 처음이다.

---

9 가피는 현가顯加와 명가冥加가 있다. 현가는 나타나서 직접 가피하는 것이고, 명가는 그윽이 간접적으로 가피하는 것이다.

"귀명歸命"[10]이라는 두 글자는 능히 돌아가는 모습을 나타낸 것이니, 삼업을 널리 두루하여 끝이 없는 삼보에게 돌아가 향하여 의탁하는 것이다.

다만 명命[11]이라고만 말한 것은 사람에게 보배롭고 소중한 것이 신명身·命을 지나는 것이 없나니,

지금에 신명을 가져 우러러보고 땅에 던지는 것이다.

"시방"이라고 한 이하는 귀명하여 공경할 바 분제이니,

시방이라고 한 것은 횡橫으로 두루하는 것이요,

삼제라고 한 것은 수豎[12]로 다하는 것이다.

극이라고 한 것은 횡과 수에 통하는 것이다.

塵刹圓明下는 就別顯中하야 三寶를 即爲三別호리니 初三句는 歸佛이요 次二句는 歸法이요 後二句는 歸僧이라 初中에 又二니 二句는 總歸諸佛이요 一句는 別歸本師라

"미진수 국토에 원만하고 밝은 조어사(塵刹圓明)"라고 한 아래는 따로 나타내는 가운데 나아가 삼보를 곧 세 가지로 분별하리니,

---

10 귀명이란 보편적으로 세 가지 의미를 가진다. 첫째는 힘과 목숨을 다해 부처님께 돌아가 향하는 것이고, 둘째는 부처님의 교명教命에 돌아가 순응하는 것이고, 셋째는 명근命根을 일심의 본원에 돌이켜 돌아가는 것이다.
11 다만 명이라 한 명命은 한 몸의 총체이고, 삼업의 지도리(요체)이고, 제근諸根을 모두 제어하는 한 몸의 요체이고, 만 생명이 소중히 여기는 바이다.
12 횡橫이란 시간적이라는 뜻이고, 수豎란 공간적이라는 뜻이다.

처음에 세 구절은 부처님께 귀명하는 것이요,
다음에 두 구절은 법에 귀명하는 것이요,
뒤에 두 구절은 스님께 귀명하는 것이다.
처음 가운데 또 두 가지가 있나니
처음에 두 구절은 모든 부처님께 다 귀명하는 것이요,
뒤에 한 구절은 본사[13]에만 따로 귀명하는 것이다.

初中에 塵刹은 有二義하니 一은 所依處니 謂——塵中에 諸刹土故며 佛所嚴刹이 等塵數故라 又塵約微細요 刹通麤細니라 二는 即塵數如來니라 圓은 謂圓寂이요 明은 謂智明이니 即菩提涅槃이 亦無德不圓하며 無法不照故라 上二字는 自利요 調御師者는 通利自他니 十號之一이라 法界도 亦二義니 一은 成上依處라 上云塵刹은 似當約事요 今云法界는 義兼事理니 佛身이 充滿於法界故며 又充滿法界無窮盡故라 二者는 該後니 稱法界之功德大悲雲故라

처음 가운데 미진수 국토라고 한 것은 두 가지 뜻이 있나니,
첫 번째는 부처님이 의지하는 바 처소이니
말하자면 낱낱 미진 가운데 모든 국토인 까닭이며,
부처님이 장엄한 바 국토가 미진수와 같은 까닭이다.
또 진塵이라고 한 것은 미세한 것을 잡은 것이요,
찰刹이라고 한 것은 거칠고 미세함에 통하는 것이다.

---

[13] 본사란 비로자나, 즉 석가모니이다.

두 번째는 곧 미진수 여래이다.
원圓이라고 한 것은 원적[14]을 말하는 것이요,
명明이라고 한 것은 지혜의 밝음을 말하는 것이니,
곧 보리와 열반이 또한 공덕을 원만케 하지 아니함이 없으며,
법을 비추지 아니함이 없는 까닭이다.
위에 두 글자[15]는 자기를 이익케 하는 것이요,
조어사調御師라고 한 것은 자기와 다른 사람을 이익케 함에 통하는 것이니,
열 가지 이름에 하나이다.
법계法界라고 한 것도 또한 두 가지 뜻이 있나니,
첫 번째는 위에 의지하는 바 처소를 이루는 것이다.
위에 미진수 국토라고 말한 것은 사실을 잡은 것에 해당하는 것과 같고,
지금 법계라고 말한 것은 뜻이 사실과 진리를 겸하고 있나니
부처님의 몸이 법계에 충만한[16] 까닭이며,
또 법계에 충만하여 다함이 없는 까닭이다.
두 번째는 뒤에 구절에 해합하는 것이니,

---

14 원적이란 보리이다.
15 위에 두 글자란 원圓·명明이라는 두 글자이다.
16 부처님의 몸이 법계에 충만하다고 한 것은 세주묘음품의 게송이니, 갖추어 말하면 "부처님의 몸이 법계에 충만하여 / 일체 중생 앞에 널리 나타나 / 인연 따라 향하여 감응함이 두루하지 아니함이 없으시지만 / 그러나 항상 이 보리좌에 거처하신다" 하였다. 여기서는 그 첫 구절만 인용하였을 뿐이다.

곧 법계의 공덕이신 대비의 구름에 칭합하는 까닭이다.

功德者는 亦圓明中別義니 卽十力과 無畏와 十八不共과 百四十種無盡之德이라 大悲普覆하야 無心含潤일새 故喩於雲이니라 毘盧一句는 別歸本師니 承恩이 重故라 四字는 標名이요 三字는 讚德이니라 上云功德은 總該無盡이요 今云大智는 別語最勝이니 順於光明遍照義故라 大智深廣일새 故喩於海니라 又諸佛에 擧悲하고 本師에 語智는 影略以明이니 悲智深廣故라 悲亦稱海니 大悲深廣故요 智亦如雲이니 含潤法雨故라 又前云功德하고 此云大智는 成二嚴故며 無盡功德이 不出二故라

"공덕"[17]이라고 한 것은 또한 원만하고 밝은 가운데 다른 뜻이니, 곧 십력과 사무소외와 십팔불공법과 일백사십사종의 끝없는 공덕[18]이다.
큰 자비로 널리 덮어 무심코 품어 윤택케 하기에 그런 까닭으로 구름에 비유한 것이다.
"비로자나"라고 한 한 구절은 따로 본사 부처님께 귀명하는 것이니, 본사에게 은혜를 받는 것이 무거운 까닭이다.
비로자나라는 네 글자는 이름을 표한 것이요,
"대지해大智海"라는 세 글자는 공덕을 찬탄한 것이다.

---

17 공덕이란 별別이고, 원만하고 밝다고 한 것은 총總이다.
18 일백사십종의 공덕이란 십력과 사무소외와 십팔불공법에 삼십이상과 팔십종호를 더하면 일백사십종의 공덕이 되는 것이다.

위에 공덕이라고 말한 것은 모두 갖추어 다함이 없는 것이요, 지금 대지大智라고 말한 것은 가장 수승한 것을 따로 말한 것이니, 광명이 두루 비친다(光明徧照)는 뜻에 따른 까닭이다.
큰 지혜가 깊고도 넓기에 그런 까닭으로 바다에 비유한 것이다.
또 모든 부처님에는 대비만 거론하고 비로자나 본사에는 지혜만 말한 것은 그윽이 생략하여 밝힌 것[19]이니,
대비와 지혜가 넓고도 깊은 까닭이다.
대비도 또한 바다라 이름하나니
대비가 깊고도 넓은 까닭이요,
지혜도 또한 구름과 같다 하나니
법비를 내려 품어 윤택케 하는 까닭이다.
또 앞에서는 공덕이라 말하고 여기서는 큰 지혜라 말한 것은 두 가지 장엄[20]을 이루는 까닭이며,
끝없는 공덕이 이 두 가지 장엄을 벗어나지 않는 까닭이다.

二에 所住下二句는 歸法이라 言所住者는 躡前起後니 所以躡者는 顯同體故며 但歸別相이면 不會理故니라 然이나 三寶有三하니 一은 同相이요 二는 別相이요 三은 住持相이니 今通依之니라 初同相者는

---

[19] 그윽이 생략하여 밝혔다고 한 것은 대비를 거론할 때에 지혜가 따라가고, 지혜를 거론할 때에 대비가 따라가는 것이다. 즉 모든 부처님-대비-지혜 영략, 비로자나-지혜-대비 영략. 영략影略이란, 본래 글은 없지만 말(뜻)은 포함되어 있는 것을 말한다.

[20] 두 가지 장엄이란 자비와 지혜이다.

此有三義하니 一은 約以事就義門인댄 則別相之上에 各有三寶하니 佛體之上에 有覺照義는 名爲佛寶요 軌持義邊은 名爲法寶요 違諍過盡은 是名僧寶니 卽以無漏界功德爲體니라 二에 法上三者는 法有覺性은 卽是佛寶요 軌持는 卽是法寶요 法體無違는 卽是僧寶니라 三에 僧上三者는 觀智는 爲佛寶요 軌持는 爲法寶요 在衆無違하고 無違衆生일새 故名爲僧寶니라 今擧佛所住하야 以明法者는 卽約佛上에 論同體也니 理是佛所住요 敎는 佛所流니 兩重相依니라

두 번째 "머무시는 바"라고 한 아래 두 구절은 법에 귀명하는 것이다.
머무신다고 한 바는 앞에 말을 밟아 뒤에 말을 일으키는 것이니,
앞에 말을 밟는 까닭은 동체삼보를 나타내는 까닭이며,
다만 별상삼보에만 귀명한다면 이치에 맞지 않는 까닭이다.
그러나 삼보에 세 가지가 있나니
첫 번째는 동상同相이요,
두 번째는 별상別相이요,
세 번째는 주지상住持相이니,
지금은 모두 세 가지 삼보를 의지하여 말하겠다.
처음에 동상이라고 한 것은 여기에 세 가지 뜻이 있나니
첫 번째는 사실로써 뜻에 나아가는 문門을 잡아 말한다면 곧 별상의 분상에 각각 삼보가 있나니,
부처님의 자체 위에 깨달아 비추는 뜻이 있는 것은 이름이 불보가 되고,
법으로 가질 만한 뜻의 변邊은 이름이 법보가 되고,

어기고 다투는 허물이 다한 것은 이 이름이 승보가 되는 것이니, 곧 무루법계의 공덕으로 자체를 삼는 것이다.

두 번째 법의 분상에 세 가지는

법에 각성[21]이 있는 것은 곧 이것은 불보가 되고,

법으로 가질 만한 것은 곧 이것은 법보가 되고,

법의 자체가 어김이 없는 것은 곧 이것은 승보이다.

세 번째 스님의 분상에 세 가지는

관찰하는 지혜는 불보가 되고,

법으로 가질 만한 것은 법보가 되고,

대중에 있으면서 어김이 없고 중생에게 어김이 없기에 그런 까닭으로 이름이 승보가 되는 것이다.

지금 부처님이 머무시는 바를 들어 법보를 밝힌 것은 곧 부처님의 분상에 동체삼보를 논한 것을 잡은 것이니,

진리[22]는 이 부처님이 머무시는 바요,

가르침은 부처님이 유출한 바이니,

이 두 가지[23]가 거듭 서로 의지하는 것이다.

---

21 성각性覺은 각성覺性이라 바꾸어 말한 것이다.
22 진리란 법성法性이다.
23 이 두 가지란 불보와 법보이니, 승보가 생략되었다. 두 가지가 서로 의지한다고 한 것은, 부처님이 저 진리에 머무른다면 부처님은 능히 의지하는 사람이 되고 진리는 의지하는 바가 되는 것이요, 교법이 부처님을 좇아 유출한다면 곧 교법은 능히 의지하는 것이 되고 부처님은 의지하는 바가 되는 것이니, 곧 교법은 저 부처님을 의지하고 부처님은 저 진리를 의지하는 까닭으로 두 가지가 거듭 서로 의지한다고 말한 것이다.

二는 約會事從理門인댄 三寶가 皆依眞故로 今擧佛法이 皆歸眞性하고 略不言僧이니라 三은 約理義融現門인댄 心性本覺은 卽是佛寶요 恒沙性德이 皆可軌持는 卽是法寶요 此恒沙德이 性相不二하야 和合은 名爲僧寶니라 由此三一門하야 故令如來로 住眞法性이니 若無此者인댄 何所住耶아 三門雖異나 並稱同體니라 淨名에 云호대 佛卽是法이요 法卽是衆이라하니 是는 三寶가 皆無爲相으로 與虛空等이라 是故로 若就覺義인댄 並稱佛寶요 軌持而言인댄 無非法寶요 冥符和合인댄 莫不皆僧이니라 義說有三하야 不可爲一이나 然無別體어니 豈爲異耶아 故云同相이라하니라

두 번째는 사실을 회통하여 진리를 따르는 문(會事從理門)을 잡아 말한다면 삼보가 다 진성을 의지하는 까닭으로 지금에 불보와 법보가 다 진성에 돌아가는 것만 거론하고 승보는 생략하여 말하지 않는다.[24]
세 번째는 진리와 뜻[25]이 융합하여 나타나는 문(理義融現門)을 잡아 말한다면
심성의 본래 깨달음(本覺)은 곧 이 불보이고,
항하사 심성의 공덕이 다 가히 법으로 가질 만한 것[26]은 곧 이 법보이고,

---

24 승보僧寶는 사사인 까닭으로 말하지 않는다. 불보佛寶, 법보法寶는 리理이다.
25 진리는 제2문門이고, 뜻은 제1문이다.
26 가히 법으로 가질 만한 것이란, 여기서는 항하사 심성의 공덕 자체가 법으로 가질 만한 것이라 하겠다.

이 항하사 공덕이 자성과 모습이 둘이 없어서 화합하는 것은 승보라 이름하는 것이다.
이 세 번째 일문一門을 인유하여 그런 까닭으로 여래로 하여금 진실한 법성에 머물게 하나니,
만약 이 일문이 없다면 어느 곳에 머물겠는가.
세 가지 문門이 비록 다르지만 아울러 동체라 이름하는 것이다.
『정명경』에 말하기를
"부처가 곧 법이요, 법이 곧 이 대중이다" 하였으니,
이것은 삼보가 다 무위의 모습으로 허공과 더불어 같다는 것이다.
이런 까닭으로 만약 깨달음(覺)의 뜻에 나아간다면 아울러 불보라 이름하고,
법으로 가질 만한 것으로 말한다면 법보가 아님이 없고,
그윽이 부합하여 화합하는 것으로 말한다면 다 승보가 아님이 없는 것이다.
뜻으로 말한다면 세 가지가 있어서 가히 하나라 할 수 없지만, 그러나 다른 자체가 없거니 어찌 다르겠는가.
그런 까닭으로 동상同相이라 말하는 것이다.

二에 別相者는 卽如前科하니 佛則橫該一切하고 竪徹十身이요 法則通四나 略擧理敎니 法性은 是埋요 修多羅는 是敎요 僧雖該攝이나 偏語大乘이니라 三에 住持相者는 十身之中에 有力持身과 及形像等은 卽住持佛이요 其修多羅는 卽住持法이요 住持之僧은 含菩薩中이니라 然三三寶가 通於諸乘하야 有其勝劣하니 以義料揀인댄 歸勝非

劣이어니와 一理統之인댄 三三無異라 故並歸敬이니 顯敬無遺니라

두 번째 별상別相이라고 한 것은 곧 앞에 동상의 과목[27]과 같나니 불보는 곧 횡으로 일체를 갖추고 수로 십신을 사무치는 것이요, 법보는 곧 네 가지[28]에 통하지만 이理와 교敎만 간략하게 거론하였으니
법성은 이理이고, 수다라는 이 교敎요,
승보는 비록 대소승을 갖추어 섭수하지만 대승에만 치우쳐 말한 것[29]이다.
세 번째 주지상住持相이라고 한 것은 십신 가운데 역지신力持身과 그리고 형상 등이 있는 것은 곧 주지불이요,
그 수다라는 곧 주지법이요,
주지승은 보살 가운데 포함하는 것이다.
그러나 세 가지 삼보가 제승諸乘에 통하여 수승하고 하열함을 포함하고 있나니,
뜻으로써 헤아려 가린다면 수승함에 돌아가 하열함을 비각非却하거니와, 하나의 진리로 통일한다면 세 가지 삼보가 다름이 없는 것이다.

---

27 앞에 동상의 과목이라고 한 것은 p.120, 3행에, 처음에 세 구절은 부처님께 귀명하는 것이고, 다음에 두 구절은 법에 귀명하는 것이고, 뒤에 두 구절은 스님께 귀명하는 것이다 운운한 것이다.
28 네 가지란 교·리·행·과이다.
29 대승에만 치우쳐 말하였다고 한 것은, 다만 문수와 보현만 거론한 때문이다. 소승·대승의 수행자가 다 승보인데 말이다.

그런 까닭으로 아울러 귀명하여 공경하는 것이니,
남김없이 공경함을 나타낸 것이다.

三에 一一盡方下二句는 歸僧이라 初句는 明處니 一一微塵中에 有一切諸佛하야 菩薩衆이 圍繞故니라 況一一佛所에 難思普賢이 住普賢位하야 莫不皆爾아 下句는 擧人이니 偏擧二者는 以是海會之上首故이며 表理智故니라 諸言은 不一이니 則無所不該니라

세 번째 "낱낱 미진수 방처"라고 한 아래 두 구절은 승보에 귀명하는 것이다.
처음 구절[30]은 처소를 밝힌 것이니,
낱낱 미진 가운데 일체 모든 부처님이 있어 보살대중이 에워싸는 까닭이다.
하물며 낱낱 부처님의 처소에 사의하기 어려운 보현보살이 보현의 지위에 머물러 다 그렇게 하지 아니함이 없는 것이겠는가.
아래 구절[31]은 사람을 거론한 것이니,
두 보살만 치우쳐 거론한 것은 이 법회의 상수인 까닭이며,
진리와 지혜[32]를 표한 까닭이다.
"모든 대사"라 말한 것은 하나가 아니라는 말이니,
곧 갖추지 않는 바가 없는 것이다.[33]

---

30 처음 구절이란 일일진방불회중一一塵方佛會中이다.
31 아래 구절이란 보현문수제대사普賢文殊諸大士이다.
32 진리와 지혜란, 진리는 보현이고 지혜는 문수이다.

第二에 我今下는 請威加護라 六句分三호리니 初二句는 請歸之意니 意欲釋經故라 然이나 通顯歸意에 乃有衆多하니 總相言者인댄 三寶 吉祥하야 一切衆生의 最勝良緣이니 有歸依者면 能辦大事하야 生諸 善根하고 離生死苦하야 得涅槃樂故니라 又一切經初에 有六成就하 야 令物信故며 佛滅度後에 凡諸弟子의 所有著述에 皆歸三寶는 示 學有宗하고 不自專己하야 離過失故며 請威加護하야 令契合故니라 上句는 自謙智劣하야 等彼一毛요 下句는 讚法廣深하야 同眞法界니 一毛度空엔 乍可知量이어니와 凡智測法에 何能盡窮也리오

제 두 번째 "내가 지금(我今)"이라고 한 아래는 위덕으로 가호하여 주시기를 청하는 것이다.
여섯 구절을 세 가지로 나누리니
처음에 두 구절[34]은 청하고 귀명하는 뜻이니,
그 뜻은 이 경을 해석하고자 하는 까닭이다.
그러나 귀명하는 뜻을 모두 나타냄에 이에 수많은 뜻이 있나니,
총상으로 말한다면 삼보는 길상하여 일체 중생의 가장 수승한 좋은 인연이니,
귀의하는 사람이 있다면 능히 일대사에 힘써 모든 선근을 생기하고
생사의 고통을 떠나 열반의 즐거움을 얻는 까닭이다.

---

33 갖추지 않는 바가 없다고 한 것은 모든 승보(모든 대사)를 다 포함하고 있다는 뜻이다.
34 처음에 두 구절이란 아금욕이일모지我今欲以一毛智와 측량무변법계공測量無邊 法界空이다.

또 일체 경전 초두에 여섯 가지 성취(六成就)[35]를 두어 중생으로 하여금 믿게 하는 까닭이며,
부처님이 멸도하신 뒤에 무릇 모든 제자가 소유하고 있는 저술에다 삼보에 귀의한다고 한 것은,
배움에는 종지가 있고 자기 마음대로 저술한 것이 아님[36]을 보여 허물을 떠나는 까닭이며,
위덕의 가호를 청하여 하여금 계합케 하는 까닭이다.
위에 구절은 지혜가 하열하여 저 한 털끝과 같다고 스스로 겸손한 것이요,
아래 구절은 법이 깊고 넓어 진실한 법계와 같다고 찬탄하는 것이니, 한 털끝의 지혜로 허공을 헤아림에는 잠깐 가히 그 양을 알 수 있거니와 범부의 지혜로 법계의 공을 측량함에 어찌 능히 다 알 수 있겠는가.

次에 願承下二句는 願加護相이니 上句는 明加요 下句는 辨益이라 今初니 未能深入三昧하야 外感佛加일새 但請同體之慈하야 希霑勝益이니라 下句益中에 句句冥符는 願始末無違니라 而言冥者는 亦謙詞也니 未得顯加일새 且希冥契하야 使凡心凡筆로 暗合聖心이니라

---

35 6성취六成就란 모든 경전의 초두(여시아문如是我聞 운운)에 갖추고 있는 여섯 가지 내용과 형식으로, 신성취信成就·문성취聞成就·시성취時成就·주성취主成就·처성취處成就·중성취衆成就를 말한다.
36 자기 마음대로 저술한 것이 아니라고 한 것은 자기 마음대로(專行) 저술한 것이 아니고 스승을 의지하여 했다는 것이다.

다음에 "원컨대 삼보의 동체 대비를 받는다"고 한 아래 두 구절은 가호하는 모습을 서원하는 것이니,
위에 구절은 가호를 밝힌 것이요,
아래 구절은 이익을 분별한 것이다.
지금은 처음으로 아직 능히 삼매에 깊이 들어가지 못하여 밖으로 부처님의 가호를 감득해야 하기에 다만 동체 자비를 청하여 수승한 이익에 젖기를 희망하는 것일 뿐이다.
아래 구절에 이익을 분별하는 가운데 "구절구절마다 그윽이 부합케 한다(句句冥符)"고 한 것은 처음과 끝이 어김이 없기를 서원하는 것이다.
그윽이(冥)라고 말한 것은 또한 겸손하는 말이니,
아직 나타나서 가피함을 얻지 못하였기에 우선 그윽이 계합[37]하여 범부의 마음과 범부의 붓으로 하여금 그윽이 성인의 마음에 계합하기를 희망하는 것이다.

三에 俾令下二句는 著述所爲를 使令法眼圓滿하야 化盡含生故니 賢首品에 云호대 彼諸大士威神力으로 法眼常全無缺減也라하니라 第九迴向에 不願成佛하고 唯願等於普賢者는 良以普賢이 該因徹果하야 佛前佛後에 皆悉有故며 普賢이 即是諸佛根本故며 法界體故 니라 故로 金剛頂經에 十方諸佛이 禮普賢者도 亦斯義矣니라 然이나 著述所爲는 但願大法弘通하며 衆生利樂이니 即悲智大意니라 曲論

---

37 그윽이 계합(冥契)이란 간접 가피이고, 나타나서 가피(顯加)란 직접 가피이다.

別爲인댄 乃有多緣하니 以斯經은 乃諸佛所證根本法輪이며 諸敎標準이며 此方西域에 無不仰遵이니라

세 번째 "법안으로 하여금"이라고 한 아래 두 구절은 소문을 저술한 바를 법안으로 하여금 원만케 하여 중생을 다 교화하려는 까닭이니, 현수품[38] 게송에 말하기를 "저 모든 대사의 위신력으로
법안이 항상 온전하여 이지러지거나 감속함이 없다" 하였다.
제 아홉 번째 무착무박회향[39]에 성불하기를 원하지 않고, 오직 보현보살과 같기만을 원한다고 한 것은 진실로 보현보살이 원인을 갖추고 과보에 사무쳐 부처님 이전과 부처님 이후에 다 있는 까닭이며, 보현보살이 곧 이 모든 부처님의 근본인 까닭이며,
법계의 본체인 까닭이다.
그런 까닭으로 『금강정경』[40]에 "시방의 모든 부처님이 보현보살에게

---

38 현수품은 문수가 보리심 공덕을 현시하고자 현수에게 질문하니 현수보살이 답한 게송으로, 아래 두 구절이 더 있으니 이렇다.
십선의 묘한 행 등 모든 도(十善妙行等諸道)의 더 이상 없는 수승한 보배를 다 하여금 나타나게 하는 것이다(無上勝寶皆令現) 하였다. 원문에 야也 자는 현수품 경문이 아니다. (교림출판사, 화엄경 1권, p.460, 1행에 있다.)
39 제 아홉 번째 무착무박회향은 십회향품 가운데 제 아홉 번째 회향이니, 삼십일권에 있다.
40 『금강정경金剛頂經』은 본이름은 『금강정일체여래진실섭대승현증대교왕경金剛頂一切如來眞實攝大乘現證大敎王經』(3권)이며, 『대일경』과 함께 대표적인 밀교 경전이다. 즉 밀교의 세 가지 비밀경 가운데 하나로서 광본은 십만 게송이고, 현행본은 약본으로 삼권이며, 불공·시호·금강지의 번역이 있다.

예배한다"고 한 것도 또한 이 뜻이다.

그러나 소문을 저술한 바는 다만 큰 법을 널리 유통하며,

중생을 이락케 하기를 서원한 것뿐이니,

곧 대비와 지혜의 큰 뜻이다.

따로 저술한 바를 자세히 논한다면 이에 수많은 인연이 있나니,

이 『화엄경』은 이에 모든 부처님이 증득한 바 근본 법륜이며,

모든 교의 표준이며,

이 나라 중국과 서역에서 우러러 따르지 아니함이 없는 것이다.

而聖后所翻은 文詞富博하야 賢首將解나 大願不終하고 方至第十九經하야 奄歸寂滅하시니 苑公言續호대 而前疏를 亦刊하고 筆格文詞이 不繼先古하야 致令後學으로 輕夫大經하며 使遮那心源으로 道流가 莫挹하며 普賢行海로 後進이 望涯일새 將欲弘揚하야 遂發慨然之歎하노라 若有過不說하야 是非渾同이면 豈唯掩傳者之明이리오 貴乃擁學人之路며 若指其瑕纇하고 出彼乖差면 豈唯益是非之情이리오 實乃黷心智之境이니라 故로 撫心五頂하고 仰託三尊하야 不獲已而爲也로다

성후聖后인 측천 시대에 번역한 바[41]는 문장이 풍부하고 넓어서 현수 스님이 장차 해석하고자 하였지만 그 큰 서원을 마치지 못하고 바야흐로 제십구경에 이르러 문득 적멸에 돌아가시니,

---

41 성후 측천 시대에 번역한 것이란 80권본 『화엄경』이다.

혜원스님[42]이 현수스님의 말을 이어 해석하되[43], 앞에 현수스님의 소疏를 또한 깎아내고 문필의 격식과 문장이 선고先古인 현수스님을 계승하지 않아 후래 학자들로 하여금 이 대경인 『화엄경』을 가볍게 여기게 하며,

비로자나의 근본 마음으로 하여금 도를 닦는 사람들이 파악하지 못하게 하며,

보현의 행해行海로 하여금 후래 정진하는 사람들이 그 끝만 바라보게 함[44]을 이루기에 장차 널리 드날리고자 함에 드디어 분개하여 한탄하는 마음을 내었다.

만약 허물이 있는 줄 알고도 말하지 아니하여 옳고 그름을 혼동케 한다면, 어찌 오직 전하는 사람[45]의 현명함만 가릴 뿐이겠는가. 진실로 이에 배우는 사람의 길을 막는 것이며,

만약 그의 잘못을 가리키고 저의 어긋난 것[46]만 설출한다면 어찌

---

42 현수스님이 『화엄경』 소를 쓰다가 열반하자 제자인 원공이 현수의 뜻을 이어서 『간정기』 육십권을 지었다. 그리고 그 『간정기』의 이름을, 현수의 뜻을 이었다 하여 『속화엄약소간정續華嚴略疏刊定』이라 하였다. 여기에 청량스님이 오류가 많다고 지적하고 있다.

43 원문에 언속言續이란, 그 언言은 현수스님의 말이고, 속續은 혜원스님이 이어서 해석한다는 것이다.

44 그 끝만 바라보게 한다는 것은, 건성으로 대강대강 보게 한다는 뜻과 문풍이퇴 聞風而退, 즉 소문만 듣고 겁내어 물러나게 한다는 뜻이 있다.

45 전하는 사람(傳者)이란 현수스님을 말한다.

46 그의 잘못과 저의 어긋남이란, 다 혜원을 가리키는 말이다. 그의 잘못(瑕纇)이란 옥의 티와 손의 사마귀, 주근깨란 뜻이니 잘못, 허물이라는 뜻이다.

오직 옳고 그른 감정만 더할 뿐이겠는가.
진실로 이에 마음에 지혜의 경계까지 어둡게 하는 것이다.
그런 까닭으로 오대산정에서 마음을 어루만지고, 삼보자존에게 우러러 의탁하여 부득이 이 소문을 쓰는 것이다.

以斯別意가 略有十焉하니 一은 聖旨深遠故요 二는 顯示心觀故요 三은 扶昔大義故요 四는 剪截浮詞故요 五는 善自他宗故요 六은 辨析今古故요 七은 明示法相故요 八은 廣演玄言故요 九는 泯絶是非故요 十은 均融始末故니라 初一은 爲總이요 後九는 爲別이니 意指昔瑕이니라 然이나 疏中에 欲掩是非나 傳者는 須知得失하리라 諸徒誠請에 難以違之요 長時弘宣에 不繁數述은 恐迷宗滯迹하야 競作是非耳니라

이로써 또 다른 뜻이 간략하게 열 가지가 있나니,
첫 번째는 성인의 뜻이 깊고 먼 까닭이요,
두 번째는 마음으로 관찰함을 현시하는 까닭이요,
세 번째는 옛날 현수스님의 큰 뜻을 붙드는 까닭이요,
네 번째는 원공의 근거 없는 말[47]을 끊는 까닭이요,
다섯 번째는 자기 종과 다른 종을 잘 살피는 까닭이요,
여섯 번째는 지금 경과 옛날의 경을 분별하여 분석하는 까닭이요,
일곱 번째는 법의 모습을 분명하게 현시하는 까닭이요,

---

47 근거 없는 말(浮詞부사)이란 뜬구름 같은 말, 뜬금없는 말을 말한다.

여덟 번째는 현묘한 말을 널리 연설하는 까닭이요,

아홉 번째는 옳고 그름을 끊어 없애는 까닭이요,

열 번째는 시작과 끝을 균등하게 융합하는 까닭이다.

처음에 한 가지는 총總이 되고,

뒤에 아홉 가지는 별別이 되는 것이니,

그 뜻은 옛날 원공의 잘못을 가리킨 것이다.

그러나 소문 가운데 옳고 그름을 가려두고자 하지만, 전하는 사람은 반드시 얻고 잃음을 알아야 할 것이다.[48]

모든 사람들이 정성으로 청함에 어기기 어렵고 장시간 널리 선설함에 자주 서술함을 번거롭게 여기지 않는 것은, 종지에 미혹하고 자취에 막혀 앞다투어 옳고 그름을 지을까 염려한 것뿐이다.

第一에 聖旨深遠者는 此是總意니 謂佛法이 沖深이나 隨人智慧하야 有淺深故니라 斯亦爲遮外難이니 恐有難言호대 世路는 以多岐亡羊하고 學者는 以多途喪眞하나니 根源莫二나 枝派轉多라 舊疏新章도 益汨眞性이어늘 何以屋上枊屋하며 床上安牀고 昔已有之어니 何要改作이리오할새 故下十意로 皆通此疑니라 今之初意는 正答斯難이니 特由聖旨深遠하야 隨見不同하야 各呈其能하야 以光法施하니 昔可尙也어니 安更有詞리오 故로 五百比丘가 各說身因에 佛許無非正說이라하며 三十二菩薩이 共談不二에 異見同歸라하며 下經之中에 無

---

48 얻고 잃음을 알아야 한다고 한 것은 현수가 옳은지 원공이 옳은지 알아야 한다는 것이다.

邊海會가 各入解脫之門하니 境界萬差나 同趣如來智海라 故로 海慧菩薩이 云호대 如來境界無有邊하니 各隨解脫能觀見이라하시니라 是以西域東夏에 釋論釋經호대 經有多家論文하고 論有多師解釋이나 如析金杖에 金體不殊요 總收百川에 溟渤彌大니라 故로 或登地菩薩과 或加行賢人과 或當代時英과 或如來懸記가 皆思拔群伍하고 智出衆情이나 而所見不同이라 並傳於世에 各申其美하며 共讚大猷하니 依之修行에 無不獲益이니라 今亦仰攀勝德하야 用盡專精하니 以管窺天이요 滴流足海나 復何怪焉이리오

첫 번째 성인의 뜻이 깊고 멀다고 한 것은 이것은 총의 뜻이니, 말하자면 불법이 깊고도 깊지만 사람의 지혜를 따라 얕고 깊음이 있는 까닭이다.
이것은 또한 밖의 비난을 막기 위한 것이니,
어떤 사람[49]이 비난하여 말하기를 "세상의 길은 수많은 갈래로써 양을 잃고, 학자는 수많은 길로써 진리를 잃나니,[50]

---

49 어떤 사람이란 『열자』에 나오는 심도자心都子를 가리킨다. 즉 심도자가 맹손양을 비난하는 말을 인용한 것이다.
50 원문의 세로世路 이다기망양以多岐亡羊 운운云云은 『열자』에 나오는 말이다. 양자楊子가 이웃사람이 양을 잃고 가족과 하인까지 동원하여 양을 찾는 것을 보고 물었다. "양 한 마리를 잃었는데 찾는 사람은 왜 그리 많소?" "갈림길이 많아서요." 그 사람이 양을 찾지 못하고 돌아오자 양자가 또 묻기를, "양은 찾았습니까?" "갈림길 속에 또 갈림길이 있어서 찾지 못하고 돌아왔소." 그때 제자 맹손양이 그 이유를 알고 싶어 심도자에게 가서 말하니 심도자가 양자에게 가서 인의仁義에 대해서만 물었다. 양자가 헤엄치다 물에 빠져

근원은 둘이 없지만 가지는 전전히 많은 것이다.
옛날 원공의 소문과 현수스님의 새로운 소문도 더욱 진성을 어지럽히거늘,[51] 무슨 까닭으로 집 위에 집을 세우며[52], 평상 위에 평상을 안치하는가.
옛날에 이미 있었거니 어찌 고쳐 짓기를 요망하는가" 할까 염려하기에
그런 까닭으로 아래 열 가지 뜻으로 다 이 의심을 통석한 것이다.
지금 첫 번째 뜻은 바로 이 비난을 답한 것이니,
다만 성인의 뜻이 깊고 멀어 각기 소견을 따라 같지 아니함을 인유하여 각각 그 능력을 나타내어[53] 법의 보시를 빛나게 하였으니,
옛날의 소문도 가히 숭상할 만하거니,
어찌 다시 다른 말이 필요 있겠는가.
그런 까닭으로 오백 비구[54]가 각각 몸의 원인을 말함에 부처님이

죽은 비유를 들어 반문하니 심도자가 나와 버렸다. 그때 맹손양이 말하기를 "당신 질문도 우회적이고 양자의 답도 괴이합니다" 하니, 심도자가 말하기를 "큰 길은 갈림길이 많아 양을 잃게 되었고, 공부하는 사람은 방법이 많아 삶을 잃는 것이다. 학문이란 근본이 같고 근본이 같음에도 마지막에 가서는 차이가 이와 같다. 오직 같은 곳으로 돌아가고 같은 곳으로 돌아와야만 잃음이 없게 된다. 당신은 선생 문하에서 도를 익혔으면서도 선생의 가르침을 통달하지 못하였으니 슬픈 일이다" 하였다.

51 원문의 골泪은 어지럽힐 골이다.
52 집 위에 집을 세운다고 한 등은, 청량스님이 소초를 짓는 것은 옥상옥이라는 것이다.
53 원문에 정呈 자는 나타낸다는 말이다.

바른 말이 아님이 없다고 허락하였으며,
서른두 보살[55]이 함께 둘이 없는 세계를 말함에 소견은 다르지만

---

54 오백 비구 운운과 아래 서른두 보살 운운은 뜻으로 인용한 것이다. 갖추어 말하면 아래와 같다.

오백비구五百比丘 운운은, 『열반경』 가섭보살품에 말하기를 "선남자야, 내가 설한 십이부경은 혹 자기의 뜻을 따라 말하고 혹 다른 사람의 뜻을 따라 말하고 혹 자기와 다른 사람의 뜻을 따라 말한 것이다. 무엇이 자기의 뜻을 따라 말한 것인가?" 오백비구가 사리불에게 물었다. "대덕이여, 부처님이 말한 몸의 원인은 어떠합니까?" 사리불이 대답하기를 "모든 대덕이여, 그대들도 각각 바른 해탈을 얻었으니 스스로 알 것이어늘 왜 묻습니까?" 이어서 오백비구가 각자 해탈을 얻기 전에 생각했던 몸의 원인에 대하여 말하였다. 그리고 모두 함께 부처님께 가서 몸의 원인을 물으니 "나는 욕계중생을 위하여 부모가 내 몸의 원인이라 말한다" 하였다.

55 서른두 보살 운운한 것은, 『정명경』 불이법문품에 말하기를, 그때에 유마힐이 중생 보살에게 말하기를 "모든 인자여, 어떤 것이 보살의 불이법문에 들어가는 것입니까? 각각 좋아하는 바를 따라 말하세요." 그 회중에 보살이 있으니 이름이 법자재法自在이다. 그 법자재가 말하기를 "모든 인자여, 생과 멸이 둘이지만 법은 본래로 생한 적이 없고 지금에도 곧 멸한 적이 없습니다. 이 무생법인을 얻는 것이 이것이 불이법문에 들어가는 것이 되는 것입니다" 운운하여 서른두 보살이 차례로 답하였다.

그 서른두 보살이란, 1. 법자재 2. 덕수 3. 불현 4. 덕정 5. 선숙 6. 선안 7. 묘비 8. 불사 9. 사자 10. 사자의 11. 정혜 12. 나라연 13. 선의 14. 현견 15. 보수 16. 전천 17. 희견 18. 명상 19. 묘의 20. 무진의 21. 심혜 22. 적근 23. 심무애 24. 상선 25. 복전 26. 화엄 27. 덕장 28. 월상 29. 보인 30. 주정왕 31. 낙실 32. 여시제보살如是諸菩薩이다. 32는 통칭이지 한 보살의 이름이 아니다.

돌아가는 곳[56]은 같다 하였으며,

아래 이 경 가운데 끝없는 법회 대중이 각각 해탈의 문에 들어가나니, 경계가 만 가지로 차별하지만 다 같이 여래 지혜의 바다에 나아가는 것이다.

그런 까닭으로 해혜보살이[57] 게송으로 말하기를 "여래의 경계는 끝이 없나니 각각 해탈함을 따라 능히 본다" 하였다.

이로써 인도와 중국에서 논을 해석하고 경을 해석하되, 경에 수많은 사람들의 논문이 있고, 논에 수많은 스님들의 해석이 있지만, 마치 황금의 지팡이를 쪼갬에 황금 자체가 다르지 않고, 백천의 물을 모두 섭수함에 깊은 바다가 더욱 광대해지는 것과 같다.

그런 까닭으로 혹 등지보살[58]과 혹 가행위의 현인(加行賢人)[59]과 혹 당대의 영웅과 혹 여래의 수기를 단 사람[60]이 모두 다 생각이 수많은 무리에서 빼어나고 지혜가 수많은 유정에서 뛰어나지만 그러나 소견이 같지 않는 것이다.

아울러 세상에 전함에 각각 그 아름다움을 폈으며,

함께 큰 법을 찬탄하였으니,

---

56 돌아가는 곳이란 둘이 아닌 곳(不二處)이다.
57 해혜보살 운운은 세주묘엄품 一에 제오권이니, 이 위에 두 구절이 있다. 즉 부처님은 이와 같은 신통력이 있어(佛有如是神通力), 한 생각에 끝없는 모습을 나타낸다(一念現於無盡相) 하였다. (교림출판사, 화엄경 1권, p.143, 4행에 있다.)
58 등지보살이란 본래 십지보살이나 여기서는 무착을 말한다.
59 가행위의 현인이란 본래 삼현보살이나 여기서는 천친 등을 말한다.
60 당대 영웅이란 지관과 계현 등이고, 여래의 수기를 단 사람이란 용수보살이다.

그것을 의지하여 수행함에 얻지 아니함이 없을 것이다.
지금에 또한 수승한 공덕을 우러러 반연하여 오롯한 정성을 다 쎴으니,
대롱[61]으로써 하늘을 보고, 방울 물을 흘러내려 바다를 채우는 것이지만, 다시 어찌 의심하겠는가.

第二에 顯示心觀者는 以經雖通詮三學이나 正詮於定하니 皆是如來定心所演이라 故로 經에 云호대 汝所說者는 文語非義어니와 我所說者는 義語非文이라하니라 況華嚴性海는 不離覺場코 說佛所證이니 海印三昧의 親所發揮며 諸大菩薩의 定心所受아 昔人이 不參善友하고 但尙尋文하며 不貴宗通하고 唯攻言說하야 不能以聖敎로 爲明鏡하야 照見自心하며 不能以自心으로 爲智燈하야 照經幽旨일새 玄言理說을 並謂雷同하며 虛己求宗을 名爲臆斷이라하야 不知萬行으로 令了自心하고 一生驅驅하야 但數他寶하며 或年事衰邁하야 方欲廢敎求禪하나니 豈唯抑乎佛心이리오 實乃翻誤後學이로다 今皆反此일새 故製玆疏호대 使造解成觀하야 卽事卽行이라 口談其言이나 心詣其理케하야 用以心傳心之旨하야 開示佛所證之門호대 陶南北二宗之禪門하고 撮台衡三觀之玄趣하야 使敎合亡言之旨하고 心同諸佛之心이라 無違敎理之規하고 暗蹈忘心之域하며 不假更看他面하고 謂別有忘機之門이라하야 使彰乎大理之言으로 疏文懸解하야 更無所隱하니 難可具陳이로다

---

61 청량스님이 스스로 소견이 좁다고 겸손해하는 말이다.

제 두 번째 "마음으로 관찰함을 현시한다"고 한 것은 경에 비록 삼학을 통틀어 설명하였지만, 그러나 바로 삼매에서 설명하였으니, 모든 경이 다 이 여래의 삼매의 마음에서 연설한 바이다.

그런 까닭으로 『금강삼매경』[62]에 말하기를 "그대가 말한 바는 글을 말한 것이고, 뜻을 말한 것이 아니거니와, 내가 말한 바는 뜻을 말한 것이고, 글을 말한 것이 아니다" 하였다.

하물며 화엄의 자성의 바다는 보리장(覺場)을 떠나지 않고, 부처님의 증득한 바를 말한 것이니,

해인삼매에서 친히 발휘한 바이며,

모든 큰 보살이 삼매의 마음에서 받은 바이겠는가.

옛날 사람[63]이 선지식을 침방하지 않고 다만 글을 찾는 것만 숭상하였

---

62 『금강삼매경』 운운은 『금강삼매경』 진성공품眞性空品의 문장이니 갖추어 말하면, 사리불이 부처님께 여쭙기를 "만법萬法은 문언文言입니다. 문언의 상은 의義라 할 수 없고 진실한 의義는 말로 할 수 없습니다. 지금 여래께서는 어떻게 설법하십니까?" 부처님이 말씀하시기를 "내가 설법하는 것은 의어義語요 문어文語가 아니지만 너희 중생들이 설하는 것은 문어요 의어가 아니다. 뜻이 없는 말은 다 공空하여 없는 것이고, 공하여 없는 말은 뜻을 말한 것이며, 뜻을 말하지 않는다면 다 허망한 말이 되는 것이다" 하였다. 이 가운데 인용한 구절은 『금강삼매경』과 앞뒤가 바뀌었으니, 즉 여기는 그대가 말한 바라는 등이 먼저 있으나 『금강삼매경』에는 뒤에 있고, 그대가 설한 바(汝所說者)라는 말도 『금강삼매경』에는 중생들이 설한 것(衆生說者)이라고 되어 있다. 원문인즉, 아소설자我所說者는 의어비문義語非文이어니와 중생설자衆生說者는 문어비문文語非文이라고 되어 있다는 것이다.

63 옛사람이란 혜원스님이니, 선을 하지 않고 언설言說에만 빠져 화엄을 논한 것을 비판한 것이다.

으며,

종통宗通을 귀하게 생각하지 않고 오직 말만 다투어 능히 성인의 가르침으로써 밝은 거울을 삼아 자기의 마음을 비추어 보지 못하였으며,

능히 자기의 마음으로써 지혜의 등불을 삼아 경의 깊은 뜻을 비추어 보지 못하였기에 현묘한 말과 사리의 말을 모두 주관 없이 똑같이 말하였으며[64],

자기를 비우고[65] 종지를 구하는 것을 억단이라 이름하여 만행으로 하여금 자기의 마음을 요달케 하는 것임을 알지 못하고, 일생토록 구구하게 다만 다른 사람의 보배만 헤아렸으며,

혹 형편[66]이 쇠잔하고 늙어 비로소 교학을 폐지하고 선을 구하고자 하였으니,

어찌 오직 자신의 불심만 막는 것[67]이겠는가. 또한 진실로 후학들도 번복하여 그르치게 하는 것이다.

지금 나는 다 이 원공과 반대이기에,

그런 까닭으로 이 소문을 짓되 하여금 지해(解)를 짓고 관(觀)을 이루어

---

64 주관 없이 똑같이 말한다고 한 것은, 원문에 뇌동雷同이니, 부화뇌동附和雷同의 줄인 말로서 주관 없이 같이 말한다는 것이다. 부화는 붙어서 동화되는 것이고, 뇌동은 우레가 치면 만물이 다 같이 응한다는 뜻이다.

65 자기를 비운다고 한 것은, 장자가 말하기를 "지인至人은 자기가 없고, 신인神人은 공功이 없고, 성인聖人은 이름이 없다" 하였으니 비견하여 볼 것이다.

66 연사年事란 농사의 형편이라는 뜻이다. 혹 나이가 들었다는 뜻으로 해석하나, 그것은 의역이다.

67 원문에 억抑은 막을, 누를 억. 억퇴抑退는 막아(눌러) 물러나게 하는 것이다.

사실에 즉하고 행에 즉하게[68] 하는 것이다.

입은 그 말을 하지만 마음은 그 진리에 나아가게 하여, 이심전심의 뜻을 써서 부처님이 증득하신 바 문門을 열어 보이되, 남종과 북종 이종二宗의 선문을 따르고[69],

천태산에 지자[70]와 형산에 혜사慧思[71]의 삼관三觀의 현묘한 의취를 모아 교敎로 하여금 말이 사라진[72] 뜻에 계합하게 하고,

마음으로 모든 부처님의 마음과 같게 하는 것이다.

교敎와 이理의 법규를 어기지 않고, 그윽이 마음이 사라진 경계를 밟으며,

다시 다른 면을 보는 것을 가자하지 않고, 따로 근기가 사라진 문門[73]이 있다 말하여, 큰 진리를 밝히는 말로 하여금 소문에 해석을 달아 다시 숨은 바 뜻이 없게 하려 하나니,

가히 갖추어 진술하기 어려운 것이다.

---

68 사실에 즉한다는 것은 지혜를 짓는 것이고, 행에 즉한다고 한 것은 관을 이루는 것이다.

69 원문에 요陶는 따라갈 요이다.

70 천태지의(天台智顗, 538~597)는 수隋의 승려이며 호는 지자智者다. 천태종의 개조로『법화문구法華文句』,『법화현의法華玄義』,『마하지관摩訶止觀』등을 저술하였다.

71 남악혜사(南嶽慧思, 515~577)는 천태지의의 스승이다. 15세에 출가하고, 혜문 慧文에게 사사師事하였다. 법화 칠조가 있나니 혜문·혜사·지자·장안章安·혜성·현랑·담연이다.

72 말이 사라졌다는 것(亡言)은 선이다.

73 근기가 사라진 문이란 역시 선이다.

第三에 扶昔大義는 謂晉譯微言에 幽旨包博하고 玄義全盛을 賢首方周하니 故로 講得五雲凝空하고 六種震地하니라 而刊定記主가 師承이 在茲하니 雖入先生之門이나 不曉亡羊之路하며 徒過善友之舍가 猶迷衣內之珠로다 故로 大義屢乖하고 微言將隱이라 破五敎而立四敎에 雜以邪宗하야 使權實不分커니 漸頓安辨가 析十玄之妙旨하야 分成兩重하니 徒益繁多요 別無異轍이로다 使德相으로 而無相入相作하니 即用之體가 不成이요 德相으로 不通染門하니 交徹之旨이 寧就아 出玄門之所以에 但就如明하야 却令相用二門으로 無由成異하고 以緣起相由之玄旨로 同理性融通之一門하야 遂令法界大緣起之法門으로 一多交徹而微隱하니 如斯等類가 其途實繁이로다 非是重古輕今이며 不欲欺誣亡歿이니라 今申上古之義에 新疏翻多하니 有同刊定之文이나 皆是古義일새 今同用耳로다

제 세 번째 "옛날 현수스님의 큰 뜻을 붙든다"고 한 것은 말하지면 진역경의 미묘한 말에 깊은 뜻이 널리 포함되어 있고, 현묘한 뜻이 온전히 담겨 있는 것을 오직 현수스님만 비로소 두루 현시하였으니[74], 그런 까닭으로 현수스님이 강의를 함에 오색구름이 하늘에 엉기고, 여섯 가지로 땅이 진동함을 얻은 것이다.

『간정기』의 주인 원공이 스승으로 받들어 모신 것이 여기에 있나니, 비록 선생先生인 현수스님의[75] 문하에 들어갔지만, 양을 잃은 길을

---

[74] 현수스님만 비로소 두루 현시하였다고 한 것은 광통·영유·혜원慧遠 등의 소문이 있지만, 오직 현수소만 그 미묘한 뜻을 두루 현시하였다는 것이다.
[75] 비록 선생先生인 현수스님 운운한 것은, 앞에 열자의 말을 그윽이 인용하여

알지 못하였으며,

선우의 집을 걸어[76] 지나친 것이 마치 옷 안의 진주를 미혹한 것과 같다.

그런 까닭으로 큰 뜻이 자주 어겨지고, 미묘한 말이 장차 숨게 된 것이다.

또 현수스님의 오교五敎를 깨뜨리고, 사교四敎[77]를 세움에 삿된 종파에 섞어 방편과 진실로 하여금 나눌 수 없게 하였거니, 점과 돈을 어찌 분별하겠는가.

십현의 묘한 뜻을 분석하여 양중兩重의 십현으로 나누어 성립하였으니,

부질없이 번다함만 더하고 달리 다른 자취가 없는 것이다.

덕상德相[78]으로 하여금 서로 들어가고 서로 짓는 것(相入·相作)이

원공을 질타하고 있다.

[76] 선우의 집을 걸어 운운한 것은, 『법화경』 오백제자수기품에 의주유衣珠喩의 말을 그윽이 인용하여 원공을 질타하고 있다. 선우란 현수를 말한다.

[77] 현수의 오교는 소승교, 대승시교, 대승종교, 돈교, 원교이다.
혜원의 사교는 미진이숙교迷眞異熟敎 - 범부, 진일분반교眞一分半敎 - 이승, 진일분만교眞一分滿敎 - 초심보살, 진구분만교眞具分滿敎 - 식여래장자識如來藏者이다. 원공은 『보성론』을 의지하여 사교를 세웠다.

[78] 덕상이란, 『간정기』 제칠 의분제義分齊에 사사무애 법계종의 의분제를, 一은 체사體事이고, 二는 덕상德相이고, 三은 업용業用이다. 二의 덕상에 십현덕이 있나니 동시구족상응덕, 상즉덕, 상재덕, 은현덕, 주반덕, 동체성즉덕, 구족무진덕, 순잡덕, 미세덕, 인다라덕이다. 三의 업용에도 십현용이 있나니 동시구족상응용 등 앞의 덕상과 같이 명칭도 순서도 같다. 단 용用자만 다를 뿐이다.

없게 하나니,

작용에 즉한 자체가 성립되지 않고,

덕상으로 하여금 염오문(染門)에 통하지 않게 하나니,

서로 사무치는 뜻이 어찌 성취되겠는가.

십현문의 까닭을 설출함에 다만 진여에만 나아가 밝혀 도리어 덕상(相)과 업용(用)의 이문二門으로 하여금 이유 없이 다름을 이루게 하고,

연기상유문[79]의 현묘한 뜻으로써 이성융통의 일문[80]과 같게 하여 드디어 법계대연기의 법문[81]으로 하여금 하나와 많은 것이 서로 사무치게 하지만, 그러나 그것이 미묘하게 숨게 하였으니[82]

이와 같은 등의 유형이 그 길이 실로 많은 것이다.

옛날[83] 현수스님의 뜻을 중하게 여기고 지금 원공의 뜻을 가볍게 여기는 것도 아니며,

이미 죽은 현수스님을 속이고자 하는 것도 아니다.

지금 위에 옛날[84] 현수스님의 뜻을 폄에 내가 새로 지은 소문이 번다하나니,

---

79 연기상유문은 사사무애이다.
80 이성융통문은 이사무애이다.
81 법계대연기의 법문은 상즉상입, 사사무애, 하나와 많은 것이 서로 사무친다는 뜻이다.
82 미묘하게 숨었다는 것은 하나와 많은 것이 서로 사무치는 뜻이 숨었다는 것이다.
83 원문에 중고重古의 고古란 현수스님이고, 경금經今의 금今이란 원공이다.
84 원문에 상고上古란 현수스님이다.

『간정기』의 소문과 같음이 있지만 다 이것은 옛날 현수스님의 뜻이기에 지금에 같이 인용한 것일 뿐이다.

第四에 剪截浮詞者는 且文華도 尙猶翳理어니 繁言이 豈不亂心가 科文 過碎하야 已雜塵飛요 重疊經句는 但盈紙墨이며 等閑會於梵語하야 無益經文이요 次第數於經文호대 更無理觀하야 如烟鬱於火하고 雲翳長空이어늘 今並剪而削之하니 若長風卷霧로다 然이나 經多十句에 若過半已上의 難者인댄 則具釋之하노니 難則曲盡而非繁이요 易則略陳而不闕이니라 若五六句已下의 難者인댄 則摘句而釋之하고 易則不釋하며 若文義全易者인댄 大科而已요 若文易意難者인댄 總相收束하며 文難意易者인댄 但細消文하고 若文義俱難者인댄 先出意而後釋하야 使質而不野하며 簡而必詣하노니 是本心也니라

제 네 번째 "원공의 근거 없는 말을 끊는다"고 한 것은 또한 문장이 화려해도 오히려 진리를 가리거니, 많은 말이 어찌 마음을 산란하지 않게 하겠는가.
과판한 글은 지나치게 부수어 이미 먼지가 되어 날아감에 섞이었고, 중첩된 경전의 구절은 다만 지묵紙墨만 채웠을 뿐이며,
범어를 등한히 회석하여 경문에 이익이 없고,
차례로 경문을 헤아리되 다시 이치로 관찰[85]하지 아니하여 마치 연기가 불을 막고, 그름이 긴 하늘을 가린 것과 같거늘, 지금에

---

[85] 이치로 관찰한다고 한 것은 선이다.

그 모두를 잘라내고 깎아내니,

장풍에 안개가 걷히는 것과 같다.

그러나 경의 수많은 열 구절에 만약 과반 이상 어려운 것이 있다면 곧 갖추어 해석하나니

어려운 것은 곧 자세히 다 해석하지만 번거롭지 않게 하고,

쉬운 것은 곧 간략하게 진술하지만 빼지 않았다.

만약 오륙구五六句 이하[86]에 어려운 것이 있다면 곧 구절을 따내어 해석하고 쉬운 것은 해석하지 않았으며,

만약 경문과 뜻이 온전히 쉬운 것이 있다면 크게 과목만 하여 마쳤고,

만약 경문이 쉽고 뜻이 어려운 것이 있다면 총상으로 거두어 묶었으며,

경문이 어렵고 뜻이 쉬운 것이 있다면 다만 경문만 자세히 풀었고,

만약 경문과 뜻이 함께 어려운 것이 있다면 먼저 뜻을 설출하고 뒤에 해석하여, 하여금 질박하지만 촌스럽지 않게 하였으며,[87]

말은 간결하지만 반드시 이치에 나아가게 하였으니,

이것이 나의 본래 마음[88]이다.

---

86 오륙구 이하란 곧 과반 이하이다.
87 질박하지만 촌스럽지 않게 한다는 것은, 『논어』 옹야편에 공자가 말하기를 "바탕이 문체보다 수승하면 곧 촌스럽고(野), 문체가 바탕보다 수승하면 곧 겉치레로 보이나니 문체와 바탕이 서로 섞인 연후에야 군자라 한다" 하였다. 야野는 야인이니 촌스럽다는 뜻이고, 사史는 문서를 맡은 사람이니 일을 잘하지만 성실함이 부족하다는 뜻이니, 곧 겉치레를 말한다. 삼삼彬彬은 물건이 서로 섞이어 균형을 이루는 것을 말한다.
88 본래 마음이란 청량스님의 본래 마음이라는 것이다.

第五에 善自他宗者는 謂昔人의 所引經論과 及破他義는 無問性相하고 多不窮始末하야 輒引輒破하며 或多用法相하야 而復盡呼爲權하며 引權釋實에 又不分通局하야 疑誤後學하며 或以昔正爲非하며 或復以權爲實거늘 今亦反此하야 若破若引에 先示彼宗하야 使性相無虧하야 盡其意態하며 後申此理하야 對決分明하야 使學者로 不滯迹迷宗하야 謬非古義하고 亦無勞周覽하야 更復傍求니라

제 다섯 번째 "자기 종과 다른 종을 잘 살핀다"고 한 것은 말하자면 옛날 사람 원공이 인용한 바 경론과 그리고 다른 종을 깨뜨리는 뜻은 법성종과 법상종을 불문하고 다분히 처음과 끝을 궁진하지 못하여 문득 인용하였다가 문득 깨뜨리며,
혹은 다분히 법상종을 인용하여 다시 다 방편이라 부르며,
방편을 인용하여 진실을 해석함에 또 통하고 국한함[89]을 나누지 아니하여 후학들을 의심하고 착오케 하였으며,
혹은 옛날의 바른 것[90]으로써 그른 것을 삼았으며,
혹은 다시 방편으로써 진실을 삼았거늘,
지금에 또한 이와 반대로[91] 혹 깨뜨리고 혹 인용함에 먼저 저 법성종과 법상종을 현시하여 성종과 상종으로 하여금 이지러짐이 없게 하여

---

89 통하고 국한한다고 한 것은 방편과 진실 가운데 통하고 국한한 것이니, 삼성三性과 이제二諦를 융합하는 것은 통이 되고, 융합하지 않는 것은 국한하는 것이 되는 것이다.
90 옛날의 바른 것이란 현수스님의 바른 뜻을 말한다.
91 이와 반대란 지금에 청량스님이 원공의 뜻을 반대하는 것이다.

그 종의 의도(태도)를 다 말하며,
그 뒤에 이 화엄종의 이치를 펴서 상대하고 결정함을 분명히 하여
학자들로 하여금 자취에 막히고 종지에 미혹하여 옛날 현수스님의
뜻을 그르치지 않게 하고,
또한 수고롭게 두루 보아[92] 다시 옆으로 구함이 없게 하였다.

第六에 辨析今古者는 謂探玄本記는 但釋晉經이라 大旨雖同이나 在
言有異하니 但引彼疏하야 須觀所釋하니라 如發心品에 晉經은 云以
是發心으로 卽得佛故라하며 唐經은 云以是發心으로 當得佛故라하니
卽當이 旣別거늘 豈得將昔之卽하야 釋今之當이리오 觸類皆爾니라
然이나 昔人이 十行已前은 多依賢首의 新修略疏하고 迴向已下는
並用探玄하고 三地已下는 多唯錄古하니 二經小異에 舛互相參도 文
亦非一이니라

제 여섯 번째 "지금의 경과 옛날의 경을 분별하여 분석한다"고 한
것은 말하자면 『탐현본기』는 다만 진역경만 해석한 것이다.
큰 뜻은 비록 당역경과 같지만 말에 있어서는 다름이 있나니,
다만 원공은 저 소[93]만을 인용하여 반드시 해석할 바로 관찰하였다.
마치 초발심공덕품[94]에 "진역경은 이 발심으로써 곧 부처를 얻는
까닭이다" 말하였고,

---

92 수고롭게 두루 본다고 한 등은 여러 책을 보고 찾지 않아도 된다는 것이다.
93 저 소란 현수스님의 『탐현기』이다.
94 초발심공덕품이란 율자권律字卷 6장, 상上1행에 있다.

"당역경은 이 발심으로써 당래에 부처를 얻는 까닭이다" 말한 것과 같나니,

즉卽 자와 당當 자가 이미 다르거늘 어찌 옛날의 진역경에 즉 자를 인용하여 지금의 당역경에 당 자로 해석함을 얻겠는가.

범한[95] 유형이 다 그렇다.

그러나 옛날 사람인 원공이 십행十行 이전은 다분히 현수스님의 『신수약소』[96]를 의지하고, 십회향 이하는 『탐현기』를 아울러 인용하고, 삼지三地 이하는 다분히 오직 옛날 영유 등의 소[97]만을 기록하여 두었으니,

두 경문이 조금 다름에 잘못 서로서로 섞인 것도 그 글이 또한 하나가 아니다.

第七에 明示法相者는 然이나 性之與相이 若天之日月과 易之乾坤하니 東夏西方에 分宗開敎에 學兼兩轍하야사 方曰通人이라하나니 是以 釋經에 事須明示니라 然이나 此經法相은 名義兼廣하며 或有名無義하며 或有義無名이어늘 昔人이 苟見一名하고 廣引論釋하되 隨名解義하니 義乃無窮이라 如釋淨行品의 百四十一願에 以諸門料揀하고 釋梵行品의 四果에 廣引婆沙하며 問明品의 貪瞋之名은 全抄唯識하

---

95 원문에 촉觸자는 '범할 촉'이나. 다른 본엔 이 촉자가 기其자로 되어 있다.
96 현수가 『신수약소新修略疏』를 짓다가 십행품까지 짓고 열반했다. 『탐현기』는 진경 60권본이고 『신수약소』는 당경 80권본이다. 신라의 원효스님은 분황사에서 『화엄경소』를 십회향품까지만 짓고 그만두었다. 그 양은 40권이다.
97 옛날의 소란 보리유지, 영유 등의 소이다.

고 十行品의 三倒는 廣據諸宗하니 雖則皆是法門이나 而甚深觀行이 翳於名相일새 今皆略陳而已니라

제 일곱 번째 "법의 모습을 분명하게 현시한다"고 한 것은 그러나 법의 자성과 더불어 법의 모습이 마치 하늘의 해와 달과, 『주역』의 건괘와 곤괘[98]와 같나니,

중국과 인도에서 종宗을 나누고 교敎를 전개함에 학문이 두 바퀴[99]를 겸하여야 바야흐로 달통한 사람이라 말하나니,

이런 까닭으로 경문을 해석함에 그 사실을 반드시 명시[100]해야 하는 것이다.

그러나 이 『화엄경』의 법성과 법상은 이름과 뜻이 겸하여 광대하며,

혹은 이름만 있고 뜻이 없으며,

혹은 뜻만 있고 이름이 없거늘,

---

98 해와 달, 건괘와 곤괘란 서로 불가분의 관계, 떨어질 수 없는 것을 말하고 있다.

☰ 天 ┐
☰ 天 ┘ 중천건重天乾

☷ 地 ┐
☷ 地 ┘ 중지곤重地坤

즉 하늘과 땅은 떨어질 수 없는 관계이다.

99 두 바퀴(兩轍)는 수레의 두 바퀴이니 법성法性과 법상法相에 비유하였다.

100 명시明示란, 이것은 법성의 진리요, 이것은 법상의 진리라고 분명히 밝혀야 한다는 것이다.

옛날 사람인 원공이 단지[101] 하나의 이름만 보고 널리 『바사론』
등을 인용하여 해석하되, 이름을 따라 뜻을 해석하니
뜻이 이에 다함이 없는 것이다.
마치 정행품에 백마흔한 가지 서원[102]을 해석함에 모든 문門으로
헤아려 가리고[103],
범행품에 사과四果[104]를 해석함에 널리 『바사론』을 인용하며,
문명품에[105] 탐심과 진심의 이름은 온전히 『유식론』을 베껴 쓰고,
십행품에 삼도三倒[106]는 모든 종파를 널리 의지한 것과 같나니,
비록 곧 이것도 다 법문이기는 하지만, 깊고 깊은 관행觀行이 명상名
相[107]에 가려졌기에 지금에는 다 간략하게 진술할 뿐이다.

古人이 若有義無名인댄 則莫知所以일새 今則引諸經論하야 以名管

---

101 원문의 苟는 단지 구이다.
102 정행품에 백마흔한 가지 서원이란, 십신을 밝히는 것이니, 십신에 각각 열 가지가 있으니 일백이고 삼현과 십지와 등각이 마흔하나이니, 백마흔한 가지 서원이다.
103 모든 문門으로 헤아려 가린다고 한 것은, 『간정기』에 백마흔한 가지 서원을 입태로부터 안각眼覺에 이르기까지 십안으로 분류하고 낱낱 서원을 분류하였다.
104 사과란 수다원, 사다함, 아나함, 아라한이다.
105 문명품 운운은 수자권收字卷 26장, 상3행에 있다.
106 십행품에 삼도란 상도想倒·심도心倒·견도見倒이니 우자권 47장, 하4행에 있다.
107 명상이란 법수행상法數行相을 말한다.

之하야 使經中法相으로 昭彰於衆論하니라 至如昇兜率品에 二十一種功德은 則有義無名하며 離世間品初는 則有名無義하니 今於兜率品에 廣引經論而委釋之하고 至離世間品하야는 略陳而已니라 又如離世間品이 具含諸位하야 一一位內에 攝義無遺하나니 或名異義同하며 或前後廣略하니라 然於五十二位에 次第無差일새 今並具引六會經文하야 對前釋之하고 昭然可見하야 使七卷之經으로 句句有據어니와 翻驗昔解컨댄 臆說이 尤多니라

옛날 사람인 원공이 만약 뜻만 있고 이름이 없다고 하였다면 곧 그 까닭을 알 수 없기에 지금에 곧 모든 경과 논을 인용하여 이름으로써 관리하여, 경문 가운데 법상으로 하여금 수많은 논에서 밝게 나타나게 해야 할 것이다.

저 승도솔천궁품에 스물한 가지 공덕[108]에 이르러서는 곧 뜻만 있고

---

108 스물한 가지 공덕이란, 一 한결같이 장애 없는 지혜공덕, 二 유무가 없는 청정한 진여 공덕, 三 무공용無功用 불사의 공덕, 四 법신 가운데 의지하는 바와 마음에 좋아하는 일을 지음에 차별이 없는 공덕, 五 일체 장애를 다스리는 공덕, 六 일체 외도를 항복 받는 공덕, 七 세간에 있지만 세간법에 걸리지 않는 공덕, 八 바른 법을 세운 공덕, 九 수기하신 공덕, 十 일체 세간에 수용受用을 시현示現하는 변화신 공덕, 十一 의심을 끊는 공덕, 十二 여러 가지 행에 들게 하는 공덕, 十三 현재·미래에 지혜를 내는 공덕, 十四 수승한 이해로 시현하는 공덕, 十五 한량없는 의지할 바로 중생을 조복하는 공덕, 十六 평등법신에 육도六度가 이루어지는 공덕, 十七 수승한 이해 따라 차별한 불국토를 시현하는 공덕, 十八 불신의 장소가 끝이 없는 공덕, 十九 생사를 다하여 중생을 이락케 하는 공덕, 二十 다함이 없는 공덕,

이름이 없으며,

이세간품초에는 이름만 있고 뜻이 없나니,

지금 승도솔천궁품에는 널리 경과 논을 인용하여 자세히 해석하고,

이세간품초에 이르러서는 간략하게 진술할 뿐이다.

또 이세간품에 모든 지위를[109] 갖추어 포함하고 있는 것과 같아서,

낱낱 지위 안에 뜻을 섭수하여 남김이 없이 하나니,

혹은 이름은 다르지만 뜻은 같으며[110],

혹은 앞에는 널리 설하고 뒤에는[111] 간략하게 설하였다.

그러나 오십이위에 차례가 차별이 없기에 지금은 아울러 육회의

二十一 구경의 공덕이다.
다시 말하면 승도솔천궁품 가운데, "그때에 일체 모든 하늘과 그리고 모든 보살대중이 여래, 응공, 정등각인 불가사의한 사람 가운데 영웅을 보니, 그 몸이 한량이 없고 가히 그 수를 칭량할 수 없다" 운운하니, 그 소초에 『불지경론』 등을 인용하여 스물한 가지 공덕을 현시하였으니, 위에서 말한 것과 같다.
더 자세한 것은 치자권致字卷 29장, 상4행 승도솔천궁품을 볼 것이다. 그리고 『회현기』, p.385도 참고하라.

109 이세간품에 모든 지위 운운은, 이세간품에 처음에 이십문답은 십신을 밝힌 것이고, 다음에 이십문답은 십주를 밝힌 것이고, 다음에 십문답은 십행을 밝힌 것이고, 다음에 삼십문답은 십회향을 밝힌 것이고, 다음에 오십문답은 십지를 밝힌 것이고, 다음에 오십문답은 인과가 원만함을 밝힌 것이니, 모든 지위란 오십이위이다. 『회현기』, p.386을 참고하라.

110 이름은 다르지만 뜻은 같다고 한 것은 이름이 앞의 육회경문으로 다르지만 뜻은 같다는 것이다.

111 앞이란 앞의 육회이고, 뒤란 제팔회 이세간품이다.

경문을 갖추어 인용하여 앞[112]과 상대하여 해석하고, 소연昭然히 가히 보게 하여 일곱 권의 경문[113]으로 하여금 구절구절마다 증거가 있게 하였거니와,
옛날 원공의 해석은 번복하여 증험해보면 억측으로 한 말이 더욱 많다.

然이나 性相二宗에 法相이 有同有異하니 如五眼十眼과 六通十通等을 並各示之하야 使無餘惑하니라 如初卷歎德에 釋以十身은 則法性宗之法相也요 釋智入三世에 廣引四智는 即法相宗之法相也며 以衆海解脫之門으로 釋衆海之名은 則法性宗之法相也요 以九門之六度로 釋經十度는 即法相宗之法相也며 如十通十忍에 會六通與五忍하고 十身十智에 融三身與三智하고 十門涅槃에 以會通四種涅槃하고 十種佛智에 而一智融於四智는 即性相二宗에 無違之法相也니 觸類非一이니라 又諸經疏에 所明法相은 多是傍來라 如法華經엔 但云호대 如來知見과 力無所畏와 禪定解脫三昧로 深入無際라하니 斯乃通讚佛智深遠이어늘 逢一力字에 立十力章하고 無所畏字에 立四無畏章하고 禪立四禪하고 定立八定하고 解脫三昧에 並立章門하니 若此之流가 千章萬章이라 釋一卷經도 亦不得盡이어니 若爲成種智之境이리오 應須更學多門이니라 若取法華玄宗인댄 但示衆生等有知見이라 先所出內는 是子所知라하니 非是十章五章으로 能盡

---

112 앞이란 앞의 육회이다.
113 일곱 권의 경문이란 제팔회 이세간품이 전칠권이다.

斯妙니라

그러나 법성종과 법상종의 이종에 법성과 법상이 같음도 있고 다름도 있나니,

따라서 저 오안五眼과 십안十眼과 육통六通과 십통十通[114]과 같은 등을 아울러 각각 현시하여 하여금 나머지 의혹이 없게 하였다.

제일권[115]에 공덕을 찬탄함에 십신으로 해석한 것과 같은 것은 곧 법성종의 법상이요,

지혜가 삼세에 들어감[116]을 해석함에 널리 네 가지 지혜를 인용한 것은 곧 법상종의 법상이며,

중해衆海가 해탈한 문門[117]으로써 중해의 이름을 해석한 것은 곧 법성종의 법상이요,

구문九門[118]에 육바라밀로써 이 경에 십바라밀을 해석한 것은 곧

---

114 오안과 십안과 육통과 십통은 다 이세간품에 있다. 『회현기』, p.388을 참고하라.

115 제일권이란, 왕복서往復序의 고아세존故我世尊이 십신초만十身初滿에 정각시성正覺始成하시고 운운한 문장이니, p.49, 2행이다.

116 지혜가 삼세에 들어간다고 한 것은 세주묘엄품에 제 다섯 번째 교주난사教主難思 가운데 삼업이 두루함을 말한 것이니, 지혜가 삼세에 들어간다고 한 것은 소초에서 二, 三, 四, 무징애지혜로써 해석하였다. 속장경 6권, p.13 중단에 있다.

117 중해衆海가 해탈한 문이란 속장경 6권, p.23. 상단에 있다.

118 구문이란 一 자성문自性門, 二 일체문一切門, 三 난행문難行門, 四 일체문문一切門, 五 선사문善士門, 六 일체종문一切種門, 七 수구문遂求門, 八 여이락문與

법상종의 법상이며,

십통과 십인에 육통과 더불어 오인을 회통하고[119],

십신과 십지(智)에 삼신과 더불어 삼지를 융합하고[120],

二樂門, 九 청정문淸淨門이다. 다시 말하면, 『유가론』에는 보살지의 육도六度마다 구문九門이 있나니, 위에서 말한 것과 같다.

119 십통과 십인에 육통과 더불어 오인을 회통한다고 한 것은, 십통품 소초에 천안에 제 두 번째 무애천안 지혜신통과 제 네 번째 미래제겁이 다함을 아는 지혜신통으로 나누고, 천이에 제 다섯 번째 무애청정 천이지혜신통과 제 일곱 번째 일체 언사를 잘 분별하는 지혜신통으로 나누고, 신족에 제 여섯 번째 체성도 없고 동작도 없는 일체 부처님 국토의 지혜신통과 제 여덟 번째 수없는 색신의 지혜신통으로 나누고, 누진에 제 아홉 번째 일체법 지혜신통과 제 열 번째 일체법이 소멸하여 다한 삼매의 지혜신통으로 나누었다. 첫 번째 다른 이의 마음을 잘 아는 지혜신통과 과거제겁의 숙세에 머문 것을 아는 지혜신통은 나누지 않았기에 육통이 곧 십통이 된 것이다. 십인품 소초에 오인은 『인왕경』에 말한 것으로, 一은 복인伏忍 등이니 십지품에서 말한 것과 같다. 등이란 신인信忍·순인順忍·무생인無生忍·적멸인寂滅忍으로 삼품이 있으며, 차례대로 삼현·십지·등각·묘각에 배속한다 하였으니 십통을 육통으로, 십인을 오인으로 회통하였다.

120 십신과 십지(智)에 삼신三身과 삼지三智를 융합한다고 한 것은, 십신에 삼신을 융합하는 것은 뒤의 교기인연 가운데 의주依主와 제팔지와 이세간품에 십불十佛을 밝힌 소초에 있다. 즉 보리신과 원신과 화신과 역지신과 의생신은 화신이고, 복덕신과 상호장엄신과 위세신은 보신과 화신을 겸하고 있고, 법신과 지신은 넓게는 삼신을 갖추고 있고, 좁게는 오직 법신과 보신뿐이다. 십지에 삼지를 융합하는 것은, 여래출현품 소초에 십지는 무의성사지無依成事智와 체무증감지體無增減智와 체균익생지體均益生智와 용여체밀지用與體密智와 멸혹성덕지滅惑成德智와 의지무애지依持無碍智와 궁겁이락지窮劫利樂智와 지무부진지知無不盡知와 교명유혹지巧命留惑知와 성통평등지性通平等智

십문의 열반에 사종열반을 회통하고[121],

십종의 불지에 일지一智로써 사지四智를 융합한[122] 것은 곧 법성종과 법상종의 이종에 어김이 없는 법상이니,

범한 유형이 하나가 아니다.

또 모든 경의 소문에서 밝힌 바 법상은 다분히 옆에서 온 것이다.

저 『법화경』에는[123] 다만 말하기를 "여래의 지견과 힘과 두려워하는 바가 없는 것과 선정과 해탈과 삼매로 깊이 끝이 없는 세계에 들어간

이니, 십지 가운데 사실을 통달한 작용이 속지俗智를 융합하고, 진리를 비춘 작용이 진지眞智를 융합하고, 무애를 증득한 작용이 중도지中道智를 융합한다 하였다.

삼신은 법신·보신·화신이고, 삼지는 속지·진지·중도지이다.

121 십문의 열반에 사종열반을 회통한다고 한 것은, 십문열반이란 체성진상문體性眞常門과 덕용원비문德用圓備門과 출몰상담문出沒常湛門과 휴영불환문虧盈不還門과 시멸묘존문示滅妙存門과 수연기진문隨緣起盡門과 존망호현문存亡互現門과 대용무애문大用無礙門과 체리양변문體離兩邊門과 결귀무주문結歸無住門이다. 사종열반이란 자성청정열반과 무여열반과 유여열반과 무주처열반이다. 회통이란 자체는 자성청정열반을 거두고, 작용은 나머지 세 열반을 거두는 것을 말한다.

122 십종의 불지에 일지一智로써 사지四智를 융합한다고 한 것은, 십종의 불지에 일지란 곧 십지十地 가운데 제 네 번째 용여체밀지이다. 사지란 대원경지 등 사지이다.

123 저 『법화경』 운운은 『법화경』 방편품의 말이니, 갖추어 말하면 "여래의 지견이 광대하고 심원하여 한량없고 걸림도 없어 힘과 두려워하는 바가 없는 것과 선정과 해탈과 삼매로 깊이 끝없는 세계에 들어가 일체 미증유의 법을 성취한다" 하였다.

다"고만 하였으니,

이것은 이에 부처님의 지혜가 깊고 유원함을 한꺼번에 찬탄한 것이 어늘, 원공은 하나의 역力 자를 만남에 십력장十力章을 세우고, 무소외無所畏 자에는 사무소외장章을 세우고,

선禪 자에는 사선장을 세우고,

정定 자에는 팔정장을 세우고,

해탈解脫 자와 삼매三昧 자에는 각각 해탈장문과 삼매장문을 세웠으니,

이와 같은 유형이 천장만장千章萬章이다.

한 권의 경문을 해석하는 것도 또한 다함을 얻을 수 없거니,

어떻게[124] 일체종지의 경계를 이루겠는가.

응당 반드시 다시 배우고 많이 들어야 할 것이다.

만약 법화의[125] 현묘한 종지를 취한다면 다만 일체 중생이 평등하게 지견知見이 있다는 것만 현시하는 것일 뿐이다.

먼저 출납한 바[126]는 이 아들이 알아서 할 바라 하였으니,

이 십장十章과 오장五章으로 능히 그 묘한 뜻을 다 말할 수 없는

---

124 원문에 약위若爲는 자전에 여하如何와 같은 뜻이라 했다.
125 만약 법화 운운은 바로 위에 인용한 『법화경』을 소문에 해석하기를, "지견이라고 한 것은 곧 지혜이다. 만약 법화의 현묘한 종지를 취한다면 지견은 알아야 한다" 하였다.
126 먼저 출납한 바라고 한 것은 곧 영지보물반야시領知寶物般若時이니, 말하자면 이승의 궁자가 저 『반야경』 가운데서 이미 보물의 출납한 바를 안 까닭으로 이 『법화경』 가운데는 다만 부처님의 지견만 있을 뿐이라는 것이다. 법화궁자비유의 말이니, 황자권黃字卷 41장, 하2행에 설출하였다.

것이다.

若華嚴經인댄 有異於此하니 如十度十力을 一經에 數十處明이라 故須總撮一章하야 頓曉其旨니라 如十地品內엔 以法相으로 爲觀門하니 不了三聚면 豈知離垢之名이며 不曉八禪이면 寧知發光之行이리오 四地道品은 成無生之慧光이요 五地諸諦는 窮眞俗以化物이요 六地般若는 要觀緣生호대 星羅十門과 月滿三觀으로 硏窮性相하야 般若現前하니 非是縣指昔三에 中乘所見이니라 七地는 窮一切菩提分法하야 權實雙行이요 八地는 七勸星羅에 方見無功之道요 九地는 居法師之位하야 藥病須知니 不將四十辯才면 何以廣能化物이리오 得第十地하야사 方盡種智之深玄이니라 五十二位之昭彰에 並稱觀行이요 九會五周之因果에 佛道方圓이라 故로 若相若性과 若因若果가 無不成觀하고 無不契眞이니 依經修行이 並是聖意니라 若不了法相이면 豈唯不知聖旨리오 亦非弘闡이니 尋文自知니라

만약 『화엄경』을 취한다면 이 『법화경』과는 다름이 있나니, 십바라밀과 십력을 한 『화엄경』에 수십 곳에서 밝힌 것과 같다. 그런 까닭으로 반드시 일장一章에 모두 모아 문득 그 뜻을 알게 해야 한다.
서 십지품 안에는 법상으로써 관문觀門을 삼았으니,
삼취정계를 알지 못하면 어찌 때를 떠난 이름(離垢地)[127]을 알 것이며,

---

[127] 때를 떠난 이름(離垢地)이라 한 것은, 여기에 환희지가 생략된 것은 각오처에는

팔선八禪을 알지 못하면 어찌 빛을 일으키는 행(發光地)을 알겠는가.

제사지의 조도품(道品)¹²⁸은 생멸이 없는 지혜의 광명을 이루는 것이요,

제오지의 모든 진리는 진제와 속제를 궁진하여 중생을 교화하는 것이요,

제육지의 반야는 반드시 인연으로 생기함을 관찰하되, 별과 같이 나열된 십문十門¹²⁹과 달과 같이 원만한 삼관三觀¹³⁰으로 자성과 모습을 연구하고 궁구하여 반야가 앞에 나타나는 것이니,

이것은 옛날 삼승법에 중승¹³¹이 볼 바를 멀리 가리키는 것이 아니다.

제칠지는 일체보리분법을 궁진하여 방편과 진실을 함께 행하는

다 환희가 생기므로 생략하였고, 나머지 구지九地는 관행觀行으로 해당하는 이름을 갖는다.

128 조도품이란 삼십칠조도품으로, 관행하여 염혜지를 이루는 것이다. 호자권號字卷 20장, 하5행에 있다.

129 별과 같이 나열된 십문이란, 십문이 서로 통섭하지 않는 것이 마치 별빛이 서로 비추지 못하는 것과 같다는 것이다.

십문은 유지상속문有支相續門과 섭귀일심문攝歸一心門과 자업조성문自業造成門과 불상사리문不相捨離門과 삼도부단문三道不斷門과 삼제윤회문三際輪回門과 삼고집멸문三苦集滅門과 인연생멸문因緣生滅門과 생멸계박문生滅繫縛門과 수순무소유문隨順無所有門이다.

130 달과 같이 원만한 삼관이란, 삼관이 십문을 통섭하는 것이 마치 달빛이 수많은 별빛을 통섭하는 것과 같다는 것이다.

삼관은 상차별관相差別觀과 대비수순관大悲隨順觀과 일체상지관一切相智觀이다. 『회현기』, p.398을 참고하라.

131 중승中乘이란 연각이고, 초승初乘은 성문이고, 종승終乘은 보살이다.

것이요,

제팔지는 일곱 가지 권하는 것(七勸)[132]을 별과 같이 나열함에 바야흐로 무공용의 도[133]를 보는 것이요,

제구지는 법사의 지위에 거처하여 약과 병을 반드시 알아야 하는 것이니,

사십 가지 변재를 가지지 않는다면 어찌 널리 능히 중생을 교화하겠는가.

제십지를 얻어야 바야흐로 일체종지의 깊고 현묘함을 다할 것이다. 오십이위가 밝게 나타남에 아울러 관행觀行에 칭합하고,

구회에 오주五周의 인과[134]에서 불도가 바야흐로 원만하여지는 것이다.

그런 까닭으로 혹 법상과 혹 법성과 혹 원인과 혹 과보가 관행을 이루지 아니함이 없고, 진성에 계합하지 아니함이 없나니,

경을 의지하여 수행하는 것이 아울러 이 성인의 뜻이다.

만약 법상을 알지 못한다면 어찌 오직 성인의 뜻만 알지 못할 뿐이겠는가.

---

132 일곱 가지 권하는 것이란, 一 여래의 망어지網御智 닦기를 권함, 二 중생을 가엾이 여길 것을 권함, 三 본원本願 이루기를 권함, 四 무애지無碍智 구하기를 권함, 五 불외보佛外報 이루기를 권함, 六 부처님 안에 무량한 행 증득하기를 권함, 七 지혜도智慧道 이루기를 권함이다. 『회현기』, p.399를 참고하라.

133 무공용도란, 칠지 이전은 유공용도이고, 팔지 이상은 무공용도이다.

134 구회오주인과란 一 소신인과所信因果: 일회一會, 二 차별인과差別因果: 이회二會에서 칠회중七會中까지, 三 평등인과平等因果: 칠회말 이품七會末二品, 四 출세인과出世因果: 팔회八會, 五 증입인과證入因果: 구회九會

또한 널리 펼칠 수도 없는 것이니,
소문을 찾아보면 스스로 알 수 있을 것이다.

第八에 廣演玄言者는 謂經에 多有玄言妙旨어늘 昔不廣明하고 或指在別章하며 或略陳不具하니라 今應具者는 畢在疏文이어니와 文易意深은 廣申體勢하니라 如始成正覺은 以諸宗始成으로 以會之하고 智入三世는 以二智三智四智로 而釋之하고 如幻喩中엔 具引冤章以盡之하고 如影之喩엔 分三影以別之하고 第七迴向에 刹平等等은 出諸句以揀之하고 第八迴向에 歷境起願은 以橫竪位次로 而彰之하고 三天偈讚과 離相迴向은 以般若等深經과 中百等論玄妙로 而通之하고 九會五周는 皆以性相으로 而廣之니라 普賢行品은 窮妙中之妙하고 出現一品은 盡玄中之玄이니라 至如法界華藏之深觀과 指歸關脈之妙章은 盡關鍵之幽微하고 窮義理之分齊하며 如關中繋表와 三玄格言은 有美斯經이니 必盡其奧니라 亦有指別章者는 皆非正要일새 知與不知에 無乖弘讚耳니라

제 여덟 번째 "현묘한 말을 널리 연설한다"고 한 것은 말하자면 경에 다분히 현묘한 말과 현묘한 뜻이 있거늘, 옛날에 원공은 널리 밝히지 못하고 혹은 별장別章에 있다고 가리키며,
혹은 간략하게 진술하고 갖추어 밝히지 못하였다.
지금에 응당 갖추어 밝힌 것은 모두 다 소문에 있거니와, 문장은 쉽지만 뜻이 깊은 것은 널리 문체와 문세를 밝혔다.
저 시성정각始成正覺은 모든 종파에서 시성정각을 해석한 것으로써

회통하고,

지입삼세智入三世는 이지二智와 삼지三智와 사지四智로써 해석하고, 환상과 같은 비유[135] 가운데는 토장兎章[136]을 갖추어 인용하여 다 설명하고, 그림자와 같은 비유[137]는 세 가지 그림자를 나누어 구별하고,

제칠회향에 세계가 평등하다고 한 등은 모든 구절을 설출하여[138] 가리고, 제팔회향에 경계를 지나면서 서원을 일으킨 것은 횡과 수의 지위[139] 차례로써 나타내고,

---

[135] 환상과 같은 비유 가운데 토장이란, 십인품 소초에 오유와 오법이 있나니

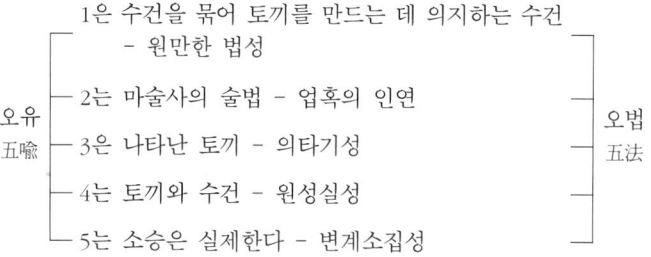

오유五喩
1은 수건을 묶어 토끼를 만드는 데 의지하는 수건 - 원만한 법성
2는 마술사의 술법 - 업혹의 인연
3은 나타난 토끼 - 의타기성
4는 토끼와 수건 - 원성실성
5는 소승은 실제한다 - 변계소집성
오법五法

[136] 토장이란, 한 수건으로 토끼도 닭도 소도 만든다는 비유를 말하고 있는 문장(책)이니, 작자는 미상이다.

[137] 그림자와 같은 비유라 한 등은 십인품 소초에 섭론의 말이다.
세 가지 그림자란 一은 유수油水에 해와 달의 그림자를 관하는 것이니 정지定地에 인생引生한 바 경계에 비유한 것이요, 二는 몸을 위의 해와 달을 상대하여 빛의 그림자를 삼는 것이니 모든 식에 비유한 것이요, 三은 거울의 그림자이니 산지散地의 과보에 비유한 것이다. 정지定地와 산지散地는 상대이니 알 수 있을 것이다.

[138] 모든 구절을 설출하였다고 한 것은, 첫 번째 사구四句는 一은 찰상刹相, 二는 중생상衆生相, 三은 찰무성刹無性, 四는 중생무성衆生無性이다.

화엄현담 ② 65

삼천三天¹⁴⁰의 게찬품과 제일회향인 구호중생리중생상회상은 『반야』 등의 깊은 경과 『중론』과 『백법』 등 논의 현묘한 이치로 회통하고,

구회에 오주五周는 다 자성과 모습으로써 널리 밝혔다.

보현행품은 현묘한 가운데 현묘함을 궁진하고,

출현품의 한 품은 유현한 가운데 유현함을 궁진하였다.

저 『법계심관』과 『화장심관』과 『화엄지귀』와 『관맥』¹⁴¹의 묘장妙章에 이르러서는 문의 빗장과 열쇠¹⁴²처럼 깊고 미묘함을 궁진하고, 뜻과 이치의 경계를 궁진하며,

저 관중關中¹⁴³의 매인 밖에 말(繫表)¹⁴⁴과 삼현三玄¹⁴⁵의 격식에 맞는 말(格言)은 이 『화엄경』을 아름답게 함이 있나니,

반드시 그 오묘함을 궁진하였다.

---

139 서원을 일으킨 것은 횡과 수의 지위라 한 것은, 서원은 서른한 가지 서원으로 횡이고, 육위에 배속한 것은 수이다.
140 삼천이란 도리천, 야마천, 도솔천이다.
141 『법계심관法界深觀』은 두순의 저술이고, 『화장심관華藏深觀』과 『화엄지귀華嚴指歸』는 현수의 저술이다. 『관맥關脈』은 현수·문초와 성조·성예, 도생·도융이 같이 지었다고 하나 알 수 없다.
142 문의 빗장과 열쇠(關鍵)란 중요한 부분을 뜻한다.
143 관중이란, 『유마경』 소문으로 구마라습의 사철인 승조·승예·도생·도융이 지었다. 관중은 지명으로, 그곳에서 만든 것이 관중소이다.
144 매인 밖에 말이란 언어에 얽매인 밖이란 뜻이다. 즉 말 밖의 진리를 말한다.
145 삼현이란 체중현·구중현·현중현이다. 세가世家에서 『주역』을 진현眞玄, 『노자』를 허현虛玄, 『장자』를 담현談玄이라 하니 여기와는 상관이 없다.

또한 별장別章에 있다고 가리킨 것은 다 화엄의 바른 요체가 아니기에 알거나 알지 못하거나 널리 별장에 있다고 찬탄하여도 어김이 없는 것이다.

第九에 泯絶是非者는 昔人이 勝負氣高하며 是非情厚하야 上古妙義는 用而不言하고 先賢小瑕는 廣申破斥하니 如破娑婆가 形如虛空엔 便云호대 良由譯人이 不閑經論하고 謬預譯場하야 誤累聖教가 一朝至此라하니 先師가 在其譯內어늘 斧鑿이 太深이로다 纖芥가 在於珠中인달 何須擊破리오 又如十行品內에 釋不住中流엔 廣申異釋하니 晉經失旨하야 致古釋詞枝어니와 今文은 分明커니 何須敘昔이리오 若斯之類의 其事頗多니라 終日是非댄 豈合大道리오 凡破義者는 其猶毒蛇螫手에 不得不斬이요 毒樹生庭에 不得不伐이니 若邪解亂轍이면 事須決之요 若易知其非면 略而不述이요 若似正不正이면 則並決使明이니 如欲識眞金인댄 須知鑛石이니라 蓋不獲已하야 情忘是非하고 設有破斥이라도 須存禮樂이니 不得自尊己德하고 下視先賢이니라 須知草創者는 難이요 因循者는 易니 縱有擧非顯是라도 不是自衒自媒니라 故今疏文엔 是非全少하니라

제 아홉 번째 "옳고 그름을 끊어 없앤다"고 한 것은 옛날 사람 원공이 승부하는 기질이 높으며 시비하는 감정이 두터워 상고上古에 현수스님의 현묘한 의리는 도용하고서도 말하지 않고,
선현[146]의 작은 허물은 널리 펴서 척파하였으니,[147]
마치 사바세계가 그 형상이 허공과 같다고 한 선현의 해석을 깨뜨림

에 가서는 곧 말하기를 "진실로 번역한 사람이 경과 논을 익히지 않고 잘못 번역장에 참예함을 인유하여, 성인의 가르침을 오해하고 더럽힌 것이 하루아침에 여기에 이르렀다" 하였으니,
선사先師인 현수스님이 그 번역장 안에 있었거늘 찍어 내리는 것이 크게 심하다.
작은 티끌이 저 구슬 가운데 있다 한들 어찌 반드시 구슬을 깨뜨려야만 하는가.
또 저 십행품[148] 가운데 중류中流에 머물지 않는다는 말을 해석함에

---

146 선현은 현수스님이다.
147 원공苑公이 척파斥破한 실례實例이다. 즉 대소승의 모든 경전에 허공의 자체는 형상이 없어서 볼 수 없다고 하였는데, 여기서는 형상이 있다 하니 잘못이기에 원공이 현수를 비판한 것이다.
148 지 십행품 오온, 십행품은 제 여덟 번째 난득행의 무장이다 다른 해석을 널리 폈다고 한 것은, '당경은 보살은 차안에도 머물지 않고 피안에도 머물지 않고 중류中流에도 머물지 않는다' 하였고, 진경은 '강물이 피안에도 가지 않고 차안에도 오지 않고 중류에도 머물지 않는다' 하였다. 그러고는 '보살도 또한 다시 이와 같아서 생사에도 머물지 않고 열반에도 머물지 않고 또한 이 생사의 중류에도 머물지 않고 차안의 중생을 피안의 두려움이 없는 곳에 건네준다' 하였다. 법합은 당경을 기준하였다. 소문에 생사는 차안에, 열반은 피안에 법합하였고, 중류에 법합한 것도 생사중류라 한 것은 삼현 십지도 분단·변역생사에 머물기에 한 말이다. 초문에는 말하기를 '중류는 고금에 상사의 중간이라' 하니, 어떤 사람(원공)이 '중류는 오직 차안에만 속하는 것이 아닌데 왜 생사의 중간이라 하는가' 하고 물으니(즉 원공은 중류는 열반의 중류라 하여 피안에도 속한다 하였다), 답하여 말하기를 '생사차안, 열반피안, 생사중간이라' 하였다.

널리 다른 해석을 폈으니,

진역경이 뜻을 잃어[149] 고덕의 해석(探玄記)한 말이 가지를 이루었거니와, 지금에 소문은 분명하거니 어찌하여 반드시 옛날 현수스님의 허물만 서술해야 하는가.

이와 같은 유형의 사실이 자못 많은 것이다.

종일토록 시비만 한다면 어찌 대도에 합하겠는가.

무릇 허물[150]을 깨뜨리는 뜻은 그것은 비유하자면 독사가 손을 물면 죽이지 아니할 수 없고, 독수毒樹가 마당에 나면 베지 아니할 수 없는 것과 같나니,

만약 삿된 지해(解)로 길을 요란케 한다면 그 일을 반드시 해결해야 할 것이요,

만약 그것이 그른 줄 쉽게 안다면 생략하고 서술하지 아니할 것이요,

만약 바른 것 같지만 바르지 않다면 곧 아울러 해결하여 하여금 분명하게 해야 할 것이니,

진실한 금을 알고자 한다면 반드시 유석(鍮石, 놋쇠)[151]을 알아야 하는 것과 같다.

대개 부득이(不獲已)하여 마음에 옳고 그름을 잊고 설사 척파함이

---

149 진역경이 뜻을 잃었다고 한 것은 원공을 깨뜨리는 것이다. 즉 진경이 그렇게 되어 있기에 현수도 그렇게 말하였을 뿐이니, 고덕 현수가 해석한 것은 허물이 없다.

150 무릇 허물 운운은 청량스님이 원공의 말을 깨뜨리고 현수스님을 두둔하고 있다 하겠다.

151 유석은 광물로서 금이 들어 있는 돌이다.

있을지라도 반드시 예의[152]가 있어야 하나니,
스스로 자기의 덕을 높이지 않고 선현의 덕을 아래로 보지 않아야 한다.
반드시 처음 해석하는 사람[153]은 어렵고, 처음 해석을 인하여 고치는 사람[154]은 쉬운 줄 알아야 하나니,
비록 그른 것을 거론하고 옳은 것을 나타내는 한이 있을지라도 스스로 자랑하거나 스스로 어둡지 말아야 할 것이다.
그런 까닭으로 지금 소문에는 시비할 것이 전혀 없는 것이다.

第十에 均融始末者는 然이나 造疏大體는 皆初重後輕이어니와 若更廣開門庭하고 消文疏略이면 至於弘闡하야는 聖旨多沈일새 今以大經九會의 始末深玄으로 逢義卽明하고 不揀初後하며 但初已釋인댄 後不重明이라 故로 義科章門이 落落星布하야 使初中後善하며 始末可觀也니라 略述製疏에 有斯十意일새 故로 忘軀靈境하야 仰述玄猷하노니 本意는 皆爲衆生이 得同普賢諸佛耳니라

제 열 번째 "시작과 끝을 균등하게 융합한다"고 한 것은 그러나 소문을 지음에 대체로 다 처음에는 신중하게 생각하고 뒤에는 가볍게 생각하거니와,

---

152 원문에 예악禮樂이란, 예는 예법, 악은 종묘제례나 사람을 맞이할 때 악樂으로 하는 것이다.
153 원문에 초창草創은 사물의 시초라는 뜻이니 현수스님을 말한다.
154 원문에 인수因修란, 시초를 인하여 수리修理한다는 뜻이니 원공苑公을 말한다.

만약 다시 집안을 널리 열고[155] 소문을 씀에 소문을 생략한다면
널리 밝힘에 이르러서는 성인의 뜻이 다분히 침잠될 수 있기에
지금에 『대화엄경』의 구회에 처음과 끝이 깊고 현묘한 것으로써
그 뜻을 만남에 곧 밝히고 처음과 뒤를 가리지 아니하며,
다만 처음에 이미 해석하였다면 뒤에 다시 밝히지는 않는다.
그런 까닭으로 의과義科와 장문章門이 낙락[156]하게 별이 펼쳐져 있는
듯이 처음과 중간과 뒤로 하여금 잘 보게 하였으며,
처음과 끝도 가히 잘 관찰할 수 있게 하였다.
간략하게 말하면 이 소문을 지음에 이 열 가지 뜻이 있었기에 그런
까닭으로 신령한 환경[157]인 청량산에서 몸을 잊고 화엄의 현묘하고
큰 뜻을 저술하기를 첨앙하였으니,
본래의 뜻은 다 중생이 보현보살과 모든 부처님과 같음을 얻게
하기 위한 것일 뿐이다.

迴玆勝善下二句는 第三에 迴施衆生者는 前之二句는 作疏所爲니
爲於衆生이요 此段은 通迴歸依之益과 及所成德과 製疏之功이니 儻
一句라도 冥合聖心인댄 盡爲衆生이 得大覺圓明과 涅槃常樂耳니라

"이 수승한 선근을 회향한다"고 한 아래 두 구절은 제 세 번째 중생에게
회향하여 보시하는 것이라고 한 것은 앞에 두 구절[158]은 소문을

---

155 집안을 널리 연다고 한 것은 자기 소疏를 다시 내는 것을 의미한다.
156 낙락이란 질서정연한 것을 말한다.
157 영경靈境은 곧 청량산 대화엄사이다.

짓는 까닭이니
저 중생을 위한 것이요.
이 단락은 돌아가 의지하는 이익과 그리고 이룬 바 공덕과 소문을 지은 공덕을 모두 다 회향하는 것이니,
혹시 한 구절이라도 성인의 마음에 그윽이 계합한다면 모든 중생이 큰 깨달음의 원만한 밝음과 열반의 영원한 즐거움[159]을 얻게 될 것이다.

---

158 앞에 두 구절이란 비령법안상무결 진중생계여보현이니, 즉 법안으로 하여금 항상 결함이 없어 모든 중생계가 보현과 같게 한다는 두 구절이다.
159 이상으로 귀경청가歸敬請加는 마친다.

疏

將釋經義에 總啓十門호리니 一은 敎起因緣이요 二는 藏敎所攝이요 三은 義理分齊요 四는 敎所被機요 五는 敎體淺深이요 六은 宗趣通局이요 七은 部類品會요 八은 傳譯感通이요 九는 總釋經題요 十은 別解文義니라

장차 이 『화엄경』의 뜻을 해석함에 모두 열 가지 문을 열 것이니,
첫 번째는 화엄의 가르침이 생기한 인연이요,
두 번째[160]는 화엄이 삼장 등과 십이분교 등에 섭속한 바요,
세 번째[161]는 화엄의 뜻과 이치의 경계요,
네 번째[162]는 화엄의 가르침이 입히는 바 근기요,
다섯 번째[163]는 화엄의 가르침 자체가 얕고 깊은 것이요,
여섯 번째[164]는 화엄의 종취가 통하고 국한한 것이요,
일곱 번째[165]는 『화엄경』의 부류와 품과 회會[166]요,

---

160 『현담』 3권, p.261. 화엄이 삼장십이부 가운데 어디에 속하는지 밝힌다.
161 『현담』 6권, p.1.
162 『현담』 6권, p.126. 화엄이 어떤 중생에게 교화를 입히는지 밝힌다.
163 『현담』 7권, p.135.
164 『현담』 7권, p.208.
165 『현담』 8권, p.1.
166 부류품회에서 부류란: 상본은 십삼천대천세계 미진수 게송이고, 중본은 사십구만 팔천팔백 게송이고, 하본은 십만 게송이다. 품이란: 상품은 일사천하미진수품이고, 중품은 일천이백품이고, 하품은 사십팔품이다. 그러나

여덟 번째[167]는 전하고 번역함에 감응과 신통이요,

아홉 번째[168]는 『화엄경』의 제목과 품의 이름을 한꺼번에 해석한 것이요,

열 번째[169]는 『화엄경』의 문장과 뜻을 따로 해석한 것이다.

鈔

將釋已下는 第三에 開章釋文이라 十門之內에 前八은 義門이요 後二는 正釋이니 以經題目이 卽是文故니라 亦可九皆義門이니 題目이 通一部故니라 十門生起者는 夫聖人은 言不虛發하고 動必有由니 非大因緣이면 莫宣斯典일새 故로 受之以教起因緣이니라 二者는 因緣旣興이면 有所起教라 佛教雖廣이나 不出三藏十二分教하니 未委此經이 三藏教等에 何藏教攝일새 故擧藏教之總名하야 含攝華嚴之別教

지금에 전하는 것은 약본 화엄으로 하본을 줄인 것이니 칠처구회 삼십구품이다.

부류품회에 네 가지가 있나니 첫 번째는 본부本部를 밝히고, 두 번째는 품과 회를 나타내고, 세 번째는 지류支類를 밝히고, 네 번째는 논석을 분별하는 것이다. 이상은 『현담』 제8권 초두에 있다.

제 세 번째 지류를 밝힌다고 한 것은 부류의 유類와는 다르다. 이 지류는 지류支流와 같은 뜻으로, 화엄부에서 뻗어나간 『보살본업경』과 『도사경兜沙經』 등을 말한다. 여기에 대한 설명은 『현담』 제8권, p.20, 3행, 영인본은 2책, p.223, 2행에 있다.

167 『현담』 8권, p.24.
168 『현담』 8권, p.49.
169 『현담』 8권, p.129.

라 故로 受之以藏教所攝이니라 三은 已知此經이 修多羅攝하야 具十二分이나 然其藏教가 皆通權實하니 揀權取實인댄 唯圓教收어니와 未知圓義의 淺深寬狹일새 故로 受之以義理分齊니라 四는 旣知圓義의 包博冲深이나 未審此深이 被何根器일새 故로 受之以教所被機니라 五는 旣知深義가 正被圓機나 未知其詮이 何爲體性일새 故로 受之以教體淺深이니라

"장차 이 『화엄경』의 뜻을 해석한다"고 한 이하는 제 세 번째 장문章門[170]을 열어 경문[171]을 해석한 것이다.
십문十門 안에 앞의 여덟 문은 의문義門[172]이요
뒤에 두 문은 바로 해석한 것이니,
경의 제목이 곧 이 경문인 까닭이다.
또한 가히 앞의 아홉 문은 다 의문이라고도 하나니,
제목이 일부화엄一部華嚴[173]에 통하는 까닭이다.
여기 십문으로 생기한 것은 대저 성인은 말을 헛되게 일으키지 않고, 거동[174]함에는 반드시 이유가 있나니,
큰 인연이 아니면 이 『화엄경』을 선설하지 않기에 그런 까닭으로

---

170 장문이란 십문十門이다.
171 원문에 문文이란 경문이다.
172 의문이란 제교諸教의 뜻이니 삼장십이분교를 말한다.
173 원문에 일부一部란 일부화엄이니, 혹 일대시교라고도 한다.
174 거동(動)이란 언동言動과 행동行動의 두 가지 뜻이 있다. 또 언동은 언언과 동動으로 보아 말과 행동으로 보기도 한다.

화엄의 가르침이 생기한 인연(敎起因緣)으로써 이름을 받은 것이다.
두 번째는 인연이 이미 일어났다면 일으킨 바 가르침이 있을 것이다. 부처님의 가르침이 비록 넓지만 삼장과 십이분교를 벗어나지 않나니, 이 『화엄경』이 삼장과 십이분교 등에 어느 장과 어느 교에 섭속하는지 자세히 알지 못하기에, 그런 까닭으로 삼장과 십이분교의 모든 이름을 거론하여 화엄의 다른 가르침을 함섭하는 것이다.
그런 까닭으로 화엄이 삼장과 십이분교에 섭속하는 바(藏敎所攝)로써 이름을 받은 것이다.
세 번째는 이미 이 『화엄경』이 수다라에 섭속하여 십이분교를 갖추고 있는 줄은 알았지만 그러나 그 삼장과 십이분교가 다 방편과 진실에 통하나니,
방편을 가리고 진실만을 취한다면 오직 화엄은 원교에 섭수되거니와, 아직 원교의 뜻이 깊고 얕고 넓고 좁음을 알지 못하기에 그런 까닭으로 화엄의 뜻과 이치의 경계(義理分齊)로써 이름을 받은 것이다.
네 번째는 이미 이 원교의 뜻이 포용하고 넓고 비고[175] 깊은 줄은 알았지만, 아직 이 깊은 뜻이 어느 근기에 입히는지 알지 못하기에, 그런 까닭으로 화엄의 가르침이 입히는 바 근기(敎所被機)로써 이름을 받은 것이다.
다섯 번째는 이미 깊은 뜻[176]이 바로 원교의 근기에 입히는 줄은 알았지만, 아직 그 가르침(能詮)[177]이 무엇으로 자체성을 삼는지

---

175 원문에 충冲은 '빌 충'으로 충허冲虛, 즉 허공의 뜻이니 다 비었다는 의미이다.
176 깊은 뜻이란 소전所詮의 뜻이다.
177 그 가르침이란 능전能詮의 가르침이다.

알지 못하기에, 그런 까닭으로 화엄의 가르침 자체가 얕고 깊은(敎體深淺) 것으로써 이름을 받은 것이다.

六은 能所文義는 已知該羅나 未審所宗이 尊崇何義일새 故로 受之以宗趣通局이니라 七은 旣知旨趣冲深이나 未委能詮의 文言廣狹일새 故로 受之以部類品會니라 八은 旣知部類가 廣則無盡이요 略乃百千이나 未知傳譯何年이며 有何感應하야 使宗承有緖며 知勝益可歸일새 故로 受之以傳譯感通이니라 九는 大旨旣陳인댄 隨文解釋이니 先明總目의 包盡難思일새 故로 受之以總釋經題니라 十은 總意雖知나 在文難曉니 使沈隱之義로 彰乎翰墨하며 宗通之理로 見乎百千일새 故로 受之以別解文義니라

여섯 번째는 능전과 소전[178]의 경문과 뜻은 이미 갖추어 나열한 줄은 알았지만, 아직 화엄종이 존중하고 숭상하는 바가 무슨 뜻인지 알지 못하기에 그런 까닭으로 화엄의 종취가 통하고 국한(宗趣通局)한 것으로써 이름을 받은 것이다.
일곱 번째는 이미 지취旨趣가 비고 깊은[179] 줄은 알았지만, 아직 능전의 문언文言이 넓고 좁은 줄 알지 못하기에 그런 까닭으로 부류와 품과 회(部類品會)로써 이름을 받은 것이다.

---

178 능전은 경문이고, 소전은 경문 속의 뜻이니, 제 네 번째와 제 다섯 번째를 함께 인용하였다.
179 지취旨趣가 비고 깊다고 한 것은 소전의 뜻이니 제 네 번째와 제 여섯 번째를 함께 인용하였다.

여덟 번째는 이미 부류部類가 넓게는 곧 무진게송이요 간략하게는 이에 백천 게송인 줄은 알았지만, 아직 전하고 번역한 것은 어느 해이며

어떤 감응과 신통이 있어서 화엄종을 계승하는 것으로 하여금 실마리가 있게 하며

수승한 이익인 줄 알아 가히 돌아가는가는 알지 못하기에, 그런 까닭으로 전하고 번역함에 감응과 신통(傳譯感通)으로써 이름을 받은 것이다.

아홉 번째는 큰 뜻을 이미 진술하였다면 경문을 따라 해석해야 하나니,

먼저 『화엄경』의 총 제목이 모든 뜻을 포함하고 다하여 사의하기 어려움을 밝히기에 그런 까닭으로 『화엄경』의 제목을 한꺼번에 해석함(總釋經題)으로써 이름을 받은 것이다.

열 번째는 『화엄경』의 모든 뜻은 비록 알았지만 경문에 있어서는 알기가 어렵나니,

경문 가운데 침잠되고 숨은 뜻으로 하여금 문자로[180] 나타나게 하며, 종통宗通의 진리로 하여금 백천의 게송으로 나타나게 하기에, 그런 까닭으로 『화엄경』의 문장과 뜻을 따로 해석함(別解文義)으로써 이름을 받은 것이다.

---

180 원문에 한묵翰墨이란 문자 혹은 필적을 말한다. 또 책으로도 해석한다. 한翰은 '글 한'이다.

疏

初에 因緣者는 夫聖人設教가 必有由致니 若須彌巨海가 大因이라야 方爲搖動인달하야 今搖如來가 融金之德山하며 動深廣之智海가 非小緣矣니라 故로 下經에 云호대 非以一緣이며 非以一事로 如來出現하야 而得成就라하니 出現은 本爲大華嚴故니라

처음에 화엄의 가르침이 생긴 인연이라고 한 것은 대저 성인이 가르침을 베푸는 것이 반드시 이유가 있나니,
마치 수미산과 큰 바다가 큰 인연이라야 바야흐로 요동치는 것과 같아서 지금 여래가 황금으로 융합한 공덕의 산을 요동치며 깊고 넓은 지혜의 바다를 요동치는 것이 작은 인연이 아니다.
그런 까닭으로 아래 출현품에 말하기를 "한 가지 인연으로써 오신 것도 아니며[181],
한 가지 일로써
여래가 출현하여
성취함을 얻은 것도 아니다"[182] 하였으니,
여래가 출현하신 것은 본래 『대화엄경』을 위한 까닭이다.

---

[181] 한 가지 인연으로써 오신 것도 아니라 한 것은, 여래출현품 제37의 1권 초두에 몇 장 시나서 보현보살이 여래성기묘덕 등 모든 보살 대중에게 말한 장행문長行文이니 곧 열 가지 원인과 열 가지 조연, 즉 수많은 원인과 수많은 조연으로 오셨다는 것이다.

[182] 한 가지 일로써 출현하신 것이 아니라고 한 것은, 열 가지 한량없는 백천아승지 일, 즉 수많은 일로써 출현하셨다는 것이다.

鈔

初因緣者下는 疏文有二하니 一은 生起大意요 二는 先因이요 後에 緣下는 開章別釋이라 前中에 有三하니 一은 正釋이요 二는 引證이요 三은 解妨이라 初中에 又三이니 初는 法이요 次에 若須彌下는 喩요 後에 今搖如來下는 合이라 如來는 合山하고 智慧는 合海하니 此文意는 出智論어니와 今轉勢用之니라 智論中에 問曰호대 佛이 以何因緣故로 說般若波羅蜜經고 諸佛이 不以無事와 及小事小因緣으로 而自發言이니 譬如須彌山王이 不以無事와 及小事小因緣故로 動이라 今以何等大因緣故로 說般若波羅蜜經고하시니 此中論意는 卽以說般若로 爲動須彌어니와 今開須彌하야 約能說人하고 智海로 通能所說하니 動能說之佛智하야 說如來之智海라 並卽不共般若니라 又於經中에 廣說佛身과 及與佛智일새 故佛及智가 並通所說하니라

"처음에 화엄의 가르침이 생기한 인연이라"고 한 아래는 소문에 두 가지 뜻이 있나니,
첫 번째는 큰 뜻을 생기한 것이요,
두 번째는 "먼저는 원인이요
뒤에는 조연"이라고 한 아래는 문장을 열어 따로 해석한 것이다.
앞에 큰 뜻을 생기한 가운데 세 가지가 있나니
첫 번째는 바로 해석한 것이요,
두 번째는 인용하여 증거한 것이요,
세 번째는 방해함을 해석한 것이다.

처음에 바로 해석한 가운데 또 세 가지가 있나니
처음에는 법이요,
다음에 "마치 수미산과 큰 바다와 같다"고 한 아래는 비유요,
뒤에 "지금 여래가 공덕의 산을 요동친다"고 한 아래는 법합이다.
여래는 산에 법합하고,
지혜는 바다에 법합하나니,
이 문장의 뜻은 『지도론』에서 설출한 것[183]이어니와, 지금에는 문세만 전하여 인용하였다.
『지도론』 가운데 물어 말하기를 "부처님이 어떤 인연을 쓴 까닭으로 『반야바라밀경』을 설하셨는가.
모든 부처님이 일이 없거나 그리고 작은 일이거나 작은 인연으로써 스스로 말씀을 일으킨 것이 아니니,
비유하자면 수미산왕이 일이 없거나 그리고 작은 일이거나 작은 인연을 쓴 까닭으로 움직이지 않는 것과 같다.
지금에는 어떤 등의 큰 인연을 쓴 까닭으로 『반야바라밀경』을 설하셨는가" 하였으니,
이 가운데 『지도론』의 뜻은 곧 반야를 설하는 것으로써 수미산을 움직이는 것을 삼았거니와, 지금에는 수미산을 전개하여 능히 설하는 사람을 잡았고, 지혜의 바다로 능히 설하고, 설하는 바에 통함을 잡았으니,
능히 설하는 부처님의 지혜를 움직여야 여래의 지혜 바다를 설하는

---

[183] 『지도론』은 대정신수대장경 25권, p.27 하단에 있다.

것이다.
아울러[184] 불공반야에 즉하는 것이다.
또 『화엄경』 가운데 널리 부처님의 몸과 그리고 더불어 부처님의 지혜를 설하였기에 그런 까닭으로 부처님과 그리고 지혜가 아울러 설할 바에 통하는 것이다.

故下經下는 二에 引證也요 出現本爲下는 三에 解妨也라 有伏難云호대 非一緣等은 乃明出現之緣이어늘 今證說經하니 豈爲愜當가할새 故今通云호대 出現은 本爲一大事因緣이요 一大事因緣은 卽華嚴佛智니 明知出現之緣이 卽華嚴緣也니라

"그런 까닭으로 아래 출현품 경이라"고 한 아래는 두 번째 인용하여 증거한 것이요,
"여래가 출현하신 것은 본래"라고 한 아래는 세 번째 방해함을 해석한 것이다.
어떤 사람이 엎드려 비난하여 말하기를 "하나의 인연이 아니라고 한 등[185]은 이에 출현하시는 인연을 밝힌 것이어늘 지금에는 『화엄경』을 설하는 인연으로 증거하니 어찌 맞다고 하겠는가" 하기에, 그런 까닭으로 지금에 통석하여 말하기를 "여래가 출현하신 것은 본래 일대사인연一大事因緣을 위한 것이요,

---

184 아울러라고 한 것은 부처님과 지혜를 다 가리키는 것이다.
185 등이란, 하나의 일이 아니라고 한 것을 등취한다.

일대사인연은 곧 『화엄경』에 부처님의 지혜이니,
여래가 출현하신 인연이 곧 『화엄경』을 설하기 위한 것인 줄 분명히
알아야 할 것이다."

疏

先因後緣이니 各開十義하야 以顯無盡이니라

먼저는 원인이요
뒤는 조연[186]이니,
각각 열 가지 뜻을 열어 다함이 없음을 나타낸 것이다.

鈔

先因後緣이니 各開十義者는 此下는 第二에 開章別釋이라 於中에 三이니 謂標 釋 結이니 標는 可知니라

"먼저는 원인이요 뒤는 조연이니 각각 열 가지 뜻을 연다"고 한 이 아래는 제 두 번째[187] 문장을 열어 따로 해석한 것이다. 그 가운데 세 가지가 있나니, 말하자면 한꺼번에 표하고 따로 해석하고[188] 맺는 것[189]이니, 한꺼번에 표한다고 한 것은 가히 알 수 있을 것이다.

---

186 원인이란 십인이고, 조연이란 십연이니 『현담』 2권, p.179 끝줄 이하에 있다.
187 제 두 번째란, 첫 번째는 큰 뜻을 생기한다 한 것이다.
188 따로 해석한다고 한 것은, 여기 십인부터 십연이 끝나는 『현담』 2권, p.260까지이다.
189 맺는 것은 『현담』 3권, p.260, 1행에 여지하명餘至下明이라 한 한 구절이 맺는 것이다. 즉 교기인연이 끝나는 부분이다.

疏

因十義者는 一은 法應爾故요 二는 酬宿因故요 三은 順機感故요 四는 爲敎本故요 五는 顯果德故요 六은 彰地位故요 七은 說勝行故요 八은 示眞法故요 九는 開因性故요 十은 利今後故니라

원인에 열 가지 뜻은
첫 번째는 법이 응당 그러한 까닭이요,
두 번째는 숙세의 원인에 답하는 까닭이요,
세 번째는 근기[190]가 감함에 따르는 까닭이요,
네 번째는 교의 근본이 되는 까닭이요,
다섯 번째는 과보[191]의 공덕을 나타내는 까닭이요,
여섯 번째는 지위를 밝히는 까닭이요,
일곱 번째는 수승한 행을 설하는 까닭이요,
여덟 번째는 진실한 법을 시현하는 까닭이요,
아홉 번째는 원인의 자성을 여는 까닭이요,
열 번째는 지금의 중생과 뒤의 중생을 이익케 하는 까닭이다.

鈔

因ㅣ義下는 雙釋이라 先因中에 三이니 初는 列이요 次는 釋이요 後에

---

[190] 근기란 중생이다.
[191] 과보란 의보의 과보와 정보의 과보이다.

因上十義下는 結屬會釋이니라

"원인에 열 가지 뜻"이라고 한 아래는 함께 해석한 것이다.
먼저 열 가지 원인 가운데 세 가지가 있나니
처음에는 열거한 것이요,
다음에는 해석한 것이요,
뒤에 원인의 분상에 열 가지 뜻이라고 한 아래는 소속[192]을 맺고 회석한 것이다.

---

192 소속이란 발심공덕품 십인에 속한다 하겠다.

疏

言法爾者는 夫王道坦坦은 千古同規요 一乘玄門은 諸佛齊證이니 故로 一切佛이 法爾皆於無盡世界에 常轉如是無盡法輪하야 令諸衆生으로 反本還源하며 窮未來際토록 無有休息이니라

첫 번째[193] "법이 응당 그러하다"고 말한 것은, 대저 왕도王道가 탄탄한 것은 천고에 규범이 같고,
일승의 법문이 현묘한 것은 모든 부처님이 증득한 것이 같은 때문이니, 그런 까닭으로 일체 부처님이 법이 응당 그렇게 다 끝이 없는 세계에 항상 이와 같은 끝이 없는 법륜을 전하여 모든 중생으로 하여금 근본을 돌이켜 근원에 돌아가게 하며,
미래 세계가 다하도록 쉼 없이 그렇게 하게 하는 것이다.

鈔

言法爾者下는 釋也라 即爲十段호리니 今初는 法爾라 疏文分四호리니 一은 正釋이요 二는 引證이요 三은 結釋이요 四는 解妨이니 初文은 可知라

첫 번째 "법이 응당 그러하다"고 말한 아래는 해석이다.

---

193 뜻으로 보아 일一 자가 있는 것이 좋다.
차하此下『현담』2권, p.145, 11행엔 두 번째 숙세의 원인을 답한다 하여 이二 자가 있고, 차후 구인九因엔 다 숫자가 있다.

곧 십단으로 하리니,
지금은 처음으로 법이 응당 그러한 것이다.
소문을 네 가지로 나누리니
첫 번째는 바로 해석한 것이요,
두 번째는 인용하여 증거한 것이요,
세 번째는 맺어 해석한 것이요,
네 번째는 방해함을 해석한 것이니,
처음에 소문은 가히 알 수 있을 것이다.

疏

故로 不思議品中에 明一切諸佛이 能於一身에 化現不可說不可說佛刹微塵數頭하고 一一頭에 化爾所舌하며 一一舌에 出爾所音聲하고 乃至文字句義가 一一充滿一切法界하야 無有窮盡하니라

그런 까닭으로 부사의품 가운데 일체[194] 모든 부처님이 능히 한 몸에 가히 말할 수 없고, 가히 말할 수 없는 부처님의 국토에 작은 티끌 수만치 많은 머리를 화현하고,
낱낱 머리에 그러한 처소와 같이 많은 혀를 화현하며,
낱낱 혀에 그러한 처소와 같이 많은 음성을 내고,
내지 문자와 구절과 뜻이 낱낱이 일체 세계에 충만하여 다함이 없음을 밝혔다.

鈔

故不思議下는 引證이라 此卽第四十七經에 第五大那羅延幢勇健法이니 云佛子야 一切諸佛이 能於一身等으로 乃至已下는 中間에 應云法界衆生이 靡不皆聞하며 一一音聲에 演不可說不可說佛刹微塵數修多羅藏하며 一一修多羅藏에 演不可說不可說佛刹微塵數修多羅法하며 一一法에 有演不可說不可說佛刹微塵數文字句義도 如是演說하야 盡不可說不可說佛刹微塵數劫하며 盡是劫已에

---

[194] 일체란 말 앞에 불자佛子라는 말이 있으면 초문과 잘 통할 수 있을 것이다.

復更演說하야 盡不可說不可說佛刹微塵數劫하며 如是次第로 乃至 盡於一切世界微塵數하며 盡一切衆生心念數하나니라 未來際劫은 猶可窮盡이어니와 如來化身의 所轉法輪은 無有窮盡이니 所謂智慧 演說法輪과 斷諸疑惑法輪과 照一切法法輪과 開無礙藏法輪과 令 無量衆生歡喜調伏法輪과 開示一切諸菩薩行法輪과 高昇圓滿大 智慧日法輪과 普然照世智慧明燈法輪과 辯才無畏種種莊嚴法輪 이라 如一佛身이 以神通力으로 轉如是等差別法輪에 一切世法으로 無能爲喩하야 如是盡虛空界의 一一毛端分量之處에 有不可說不 可說佛刹微塵數世界하고 一一世界中에 念念現不可說不可說佛 刹微塵數化身하며 一一化身도 皆亦如是하야 所說音聲과 文字句義 가 一一充滿一切法界하야 其中衆生이 皆得解了나 而佛言音은 無變 無斷하며 無有窮盡하니 是爲諸佛의 第五大那羅延幢勇健法이라하 니 今疏는 略引耳니라

"그런 까닭으로 부사의품"이라고 한 아래는 인용하여 증거한 것이다. 이것은 곧 『화엄경』 제사십칠경에 제 다섯 번째 나라연당의 용건법[195] 이니,
경[196]에 말하기를 "불자야, 일체 모든 부처님이 능히 한 몸이라 한 등으로 내지[197]라고 한 이하는 중간에 응당 법계의 중생이 다 듣지

---

195 나라연당의 용건법이란, 나라연당那羅延幢은 견고한 당기라는 뜻이니, 제석 역사帝釋力士의 이름으로 코끼리보다 백 배 힘이 좋다. 용건법勇健法은 용맹하고 건장한 법력法力이라는 뜻이다.
196 경이란 당연히 부사의품 경문이고, 사십칠경 나라연당 용건법에 해당한다.

아니함이 없으며,

낱낱 음성에 가히 말할 수 없고 가히 말할 수 없는 부처님의 국토에 작은 티끌 수만치 많은 수다라장을 연설하며,

낱낱 수다라장에 가히 말할 수 없고 가히 말할 수 없는 부처님의 국토에 작은 티끌 수만치 많은 법을 연설하며,

낱낱 법에 가히 말할 수 없고 가히 말할 수 없는 부처님의 국토에 작은 티끌 수만치 많은 문자와 구절과 뜻이 있는 것도 이와 같이 연설하여 가히 말할 수 없고 가히 말할 수 없는 부처님의 국토에 작은 티끌 수만치 많은 겁이 다하도록 하며,

이 겁이 다한 이후에 다시 연설하여 가히 말할 수 없고 가히 말할 수 없는 부처님의 국토에 작은 티끌 수만치 많은 겁이 다하도록 하며,

이와 같이 차례로 내지 일체 세계에 작은 티끌 수만치 많은 겁이 다하도록 하며,

일체 중생의 마음에 생각 수만치 많은 겁이 다하도록 하는 것이다. 미래 세계의 겁은 오히려 가히 다할 수 있거니와, 여래의 화신이 전하는 바 법륜은 다함이 없나니,

말하자면 지혜로 연설하는 법륜과, 모든 의혹을 끊는 법륜과, 일체 법을 비추는 법륜과, 걸림이 없는 창고를 여는 법륜과, 한량없는 중생으로 하여금 환희로 조복케 하는 법륜과, 일체 모든 보살의 행을 열어 보이는 법륜과 원만한 큰 지혜의 태양을 높이 떠오르게

---

197 내지란 소문에 내지문자구의乃至文字句義라 한 내지乃至이다.

하는 법륜과, 널리 세간을 비추는 지혜의 밝은 등불을 켜는 법륜과, 두려움이 없는 변재로 가지가지 장엄하는 법륜이다.

한 부처님의 몸이 신통의 힘으로써 이와 같은 등 차별한 법륜을 전함에 일체 세간의 법으로는 능히 비유할 수 없는 것과 같아서, 이와 같이 모든 허공계에 낱낱 털끝 분량만한 처소에 가히 말할 수 없고 가히 말할 수 없는 부처님의 국토에 작은 티끌 수만치 많은 세계가 있고,

낱낱 세계 가운데 생각 생각에 가히 말할 수 없고 가히 말할 수 없는 부처님의 국토에 작은 티끌 수만치 많은 화신을 나타내며, 낱낱 화신도 다 또한 이와 같아서 설하신 바 음성과 문자와 구절과 뜻이 낱낱이 일체 법계에 충만하여 그 가운데 중생이 다 앎을 얻지만, 그러나 부처님의 말과 음성은 변함도 없고 끊어짐도 없으며 다함도 없나니,

이것이 모든 부처님의 제 다섯 번째 니리언당의 용건법"이라고 말한 것이 있어야 할 것이니,

지금 소문에는 간략하게만 인용하였을 뿐이다.

疏

斯則處以毛端으로 橫該法界하고 時以刹那로 豎窮劫海니 處則頓起요 時則常起라 不待別因이니라

이것은 곧 처소는 털끝으로써[198] 횡횡으로 법계를 갖추고,
시간은 찰나로써[199] 수豎로 겁의 바다를 다하는 것이니,
처소는 곧 한꺼번에 생기는 것이요,
시간은 곧 항상 생기는 것이다.
다른 원인을 기다리지 않는 것이다.

鈔

斯則下는 三에 結釋也니 結釋經文하야 成初正說이라 於中에 初四句는 正結이요 後에 處則下는 覆釋이라 法界齊起를 爲頓이니 如月入百川에 非從東向西等故요 長時不斷을 曰常이니 無間斷故라 旣常旣遍일새 故로 不待別因이니라

---

[198] 처소는 털끝으로써라고 한 아래 두 구절은, 앞의 부사의품 인용구 가운데 '이와 같이 모든 허공계에 낱낱 털끝 분량만한 처소에 가히 말할 수 없고 가히 말할 수 없는 부처님의 국토에 작은 티끌 수만치 많은 세계가 있다'고 한 것에 배대할 수 있다.

[199] 시간은 찰나로써라고 한 아래 두 구절은, 앞의 부사의품 인용구 가운데 '낱낱 세계 가운데 생각 생각에 가히 말할 수 없고 가히 말할 수 없는 부처님의 국토에 작은 티끌 수만치 많은 화신을 나타낸다'고 한 것에 배대할 수 있다.

"이것은 곧"이라고 한 아래는 세 번째 맺어 해석한 것이니,
부사의품 경문을 맺어 해석하여 처음에 바로 설한 것[200]을 성립한 것이다.
그 가운데 처음에 네 구절은 바로 맺는 것이요,
뒤에 "처소는 곧"이라고 한 아래는 다시 해석한 것이다.
법계가 같이 생기는 것을 돈頓이라 하나니,
마치 달이 백천 강에 들어감에 동쪽을 좇아 서쪽을 향하는 것이 아닌 등과 같은 까닭이요,
장시간 끊어지지 않는 것은 상常이라 말하나니,
잠깐도 끊어짐이 없는 까닭이다.
이미 항상하고 이미 두루하였기에 그런 까닭으로 다른 원인을 기다리지 않는 것이다.

---

[200] 처음에 바로 설한 것이란, 一에 정석正釋이다.

疏

但隨見聞하야 說有初成九會之別일새 諸慈悲者가 於無盡中에 略此流傳이니라

다만 중생이 보고 듣는 것만을 따라 처음 성도한 것과 구회의 설법이 다름이 있다 말하기에, 모든 자비한 사람들[201]이 다함이 없는 법문[202] 가운데 이것을 간략하게 설출하여[203] 세상에 유전시킨 것이다.

鈔

但隨見聞下는 四에 解妨이니 爲伏難云호대 旣橫竪該羅하야 說窮時處인댄 何有初成之始와 九會之終고할새 故爲此通이라 於中에 二니 先은 正解妨이니 可知라

"다만 보고 듣는 것만을 따른다"고 한 아래는 네 번째 방해함을 해석한 것이니,
어떤 사람이 엎드려 비난하여 말하기를 "이미 횡과 수로 갖추어

---

201 모든 자비한 사람들이란 아난존자 등이다.
202 다함이 없는 법문이란 상본 화엄이다.
203 이것을 간략하게 설출하였다고 한 것은 약본 화엄이니, 넓게는 무진이고 간략하게는 백천이라 했다. 즉 칠처구회 삼십구품 팔십화엄(80권 『화엄경』)을 유통시켰다는 것이다. 그러나 유통의 전말이 근기에 있다면 유시유종有始有終이고, 부처를 잡는다면 무시무종無始無終이다.

나열하여 시간과 처소를 설하여 다하였다면, 어찌 처음 성도한 시작과 구회의 마침이 있는가" 하기에, 그런 까닭으로 이 통석[204]을 한 것이다.

그 가운데 두 가지가 있나니

먼저는 바로 방해함을 해석한 것이니,

가히 알 수 있을 것이다.

---

[204] 이 통석이란, 소문에 다만 보고 듣는 것만을 따라 운운한 것이다.

疏

令尋於此하야 見無邊法이 如觀牖隙하야 見無際空인달하야 而此時處가 卽同無盡이니 以一處가 卽一切處며 一時가 卽一切時故니라

하여금 이것을 찾아 끝없는 법문[205]을 보게 하는 것이 마치 창문 틈을 관찰하여 끝없는 허공[206]을 보게 하는 것과 같아서,
이 시간과 처소가 곧 같이 끝이 없나니
한 처소가 곧 일체 처소이며,
한 시간이 곧 일체 시간인 까닭이다.

鈔

令尋於此下는 重通再難이라 難云호대 略本이 至少하니 安窮無盡之理아할새 故爲此通이니 以見理圓融故로 見少나 能窮無盡이니라 有法喩合하니 此二句는 法이요 如觀下二句는 喩요 而此時處下二句는 正法合이라 以一處下는 釋成上義니 時處가 旣一多相卽인댄 法豈一不含多리오

"하여금 이것을 찾는다"고 한 아래는 다시 비난하는 것을 거듭 통석한 것이다.
비난하여 말하기를 "약본 화엄이 지극히 적거니, 어찌 끝없는 진리를

---

[205] 이것이란 약본 화엄이고, 끝없는 법문이란 상본 화엄이다.
[206] 창문 틈은 약본 화엄, 끝없는 허공은 상본 화엄에 비유한 것이다.

궁진하겠는가" 하기에,

그런 까닭으로 이 통석을 한 것이니,

진리가 원융함을 본 까닭으로 지극히 적은 것을 보지만, 능히 끝이 없는 진리를 궁진하는 것이다.

법과 비유와 법합이 있나니,

여기 처음에 두 구절은 법이요,

"문틈을 관찰하는 것과 같다"고 한 아래 두 구절은 비유요,

"이 시간과 처소"라고 한 아래 두 구절은 바로 법합이다.

"한 처소"라고 한 아래는 위에 뜻을 해석하여 성립한 것이니, 시간과 처소가 이미 하나와 많은 것이 서로 즉한다면 법인들 어찌 하나가 많은 것을 포함하지 못하겠는가.

疏

二에 酬宿因者는

두 번째 "숙세의 원인에 답한다"고 한 것은

鈔

二에 酬宿因等者는 疏文分五호리니 一은 標擧章門이라

"숙세의 원인에 답한다"고 한 등은 소문을 다섯 가지로 나누리니, 첫 번째는 장문章門을 표하여 거론한 것이다.

疏

何以法爾如是轉耶아 宿因이 深故니라

무슨 까닭으로 법이 그렇게 이와 같이 유전하는가.
숙세의 원인이 깊은 까닭이다.

鈔

二에 何以下는 躡前起後라

두 번째 "무슨 까닭"라고 한 아래는 앞에 말[207]을 밟아 뒤에 말[208]을 생기하는 것이다.

---

207 앞에 말이란, 첫 번째 법이 응당 그러한 것이라고 한 것이다.
208 뒤에 말이란, 두 번째 숙세의 원인에 답한다고 한 것이다.

疏

夫根深則果茂하고 源遠則流長하나니 宿因이 旣深일새 敎起亦大니라

대저 뿌리가 깊으면 곧 과실이 성하고,
근원이 멀면 곧 흐름이 기나니,
숙세의 원인이 이미 깊기에 가르침이 생기한 것도 또한 큰 것이다.

鈔

三에 夫根深下는 標因深廣이라

세 번째 "대저 근기가 깊다"고 한 아래는 원인이 깊고 넓음을 표한 것이다.

疏

深大는 云何오 我佛世尊이 創躡玄蹤하고 棲神妙寂하사 悲智雙運하시며 行願齊周라 是以로 妄想弗翦하고 而廓徹性空하며 靈鑑匪磨하고 而頓朗萬法하사 乃以無障礙解脫로 闡斯妙門하시니라

깊고 크다는 것은 어떤 것인가.
우리 부처님 세존이 처음 현묘한 자취를 밟고 정신을 미묘한 고요 속에 깃들여 자비와 지혜를 함께 운행하며,
행과 서원을 같이 두루케 하신 것이다.
이것으로써 망상을 자르지 않고[209] 자성이 공한 줄 확실하게 사무치며, 신령한 거울을 갈지 않고 문득 만법을 밝혀 이에 걸림이 없는 해탈로써 이 묘한 법문을 펴서 드날리는 것이다.

---

[209] 망성을 자르지 않고 운운한 것은, 지엄스님의 『수현기』에 말을 인용하고 각각 아래 구절만 바꾸었다. 비례하면 이렇다.

망상불전 이확철성공(妄想弗翦 而廓徹性空)
영감비마 이돈랑만법(靈鑑匪磨 而頓朗萬法) ⎤ 지금 소문

망상불전 이소상루표(妄想弗翦 而宵翔累表)
영감비마 이원명등각(靈鑑匪磨 而圓明等覺) ⎤ 수현기

즉 망상을 자르지 않고 번뇌의 밖(累表)을 멀리 벗어나며(宵翔), 신령한 거울을 갈지 않고 등각을 원만하게 밝힌다는 뜻이니, 마치 오조 홍인스님과 육조 혜능스님의 오도송을 비견하고, 그윽이 남악 회양스님과 마조 도일스님의 기왓장을 가는 이화를 비견하여 보는 듯하다. 돈오와 점수를 그릴 만하다 하겠다.

鈔

四에 深大云何下는 釋成深廣이라

네 번째 "깊고 크다는 것은 어떤 것인가" 한 아래는 깊고 넓은 것을 해석하여 성립한 것이다.

疏

宿因이 雖多나 略有二種하니

숙세의 원인이 비록 많지만 간략하게 두 가지가 있나니

鈔

五에 宿因이 雖多下는 開章別釋이니 於中에 先은 標章이라

다섯 번째 "숙세의 원인이 비록 많지만"이라고 한 아래는 문장을 열어 따로 해석한 것이니,
그 가운데 먼저는 문장을 표한 것이다.

疏

一者는 大願力故니 現相品에 云호대 毘盧遮那佛이 願力周法界하사 一切國土中에 恒轉無上輪이라하며 兜率偈에 云호대 如來不出世하고 亦無有涅槃이언마는 以本大願力으로 示現自在法이라하니 諸會佛加에 皆言願力하고 及餘諸文에 誠證이 非一이니라 二者는 昔行力故니 謂無量劫에 依願起行하고 行成得果에 方能頓演이니라 故로 主山神偈에 曰호대 往修勝行無有邊일새 今獲神通亦無量이니 法門廣闢如塵數하사 悉使衆生深悟喜라하니라

첫 번째는 큰 서원의 힘인 까닭이니,
여래현상품[210]에 말하기를
"비로자나 부처님이
원력으로 법계에 두루하여
일체 국토 가운데
항상 더 이상 없는 법륜을 전한다" 하였으며,
도솔천궁게찬품에 말하기를
"여래가 세상에 출현하신 적도 없고,
또한 열반하신 적도 없지만,
본래의 큰 원력으로써
자재한 법을 시현한다" 하였으니,

---

[210] 여래현상품은 여래현상품 마지막에서 두 번째 게송으로 법계보명혜法界普明慧 보살이 읊은 것이니, 뒤에 『현담』 제3권 초두에도 인용하였다.

모든 회[211]에서 부처님이 가피함[212]에 다 원력이라 말하고,
그리고 나머지 모든 경문[213]에도 진실로 원력이라 한 증거가 하나가
아니다.
두 번째는 왕석에 수행한 힘인 까닭이니,
말하자면 한량없는 겁에 서원을 의지하여 행을 일으키고, 행이
이루어져 과보를 얻음에 바야흐로 능히 한꺼번에 연설하신 것이다.
그런 까닭으로 묘엄품 주산신의 게송에 말하기를
"왕석에 수승한 행을 닦은 것이 끝이 없기에
지금에 신통을 얻는 것도 또한 한량이 없나니,
법문을 널리 여는 것이 미진수와 같아
다 중생으로 하여금 깊이 깨달아 환희케 한다" 하였다.

鈔

後는 別釋이니 可知라

뒤에는 따로 해석한 것이니
가히 알 수 있을 것이다.

---

[211] 모든 회란 화엄의 칠처구회이다.
[212] 부처님이 가피했다고 한 것은, 부처님이 문수와 보현에게 가피를 주어
설하게 한 등이다.
[213] 나머지 모든 경문이란, 다른 경문이 아니라 이 화엄 전체에 산재해 있는
경문을 말한다.

🔵 疏

三에 順機感者는

세 번째 "근기가 감함에 따른다"고 한 것은

🔵 鈔

三에 順機感者는 文中에 分六호리니 一은 標章이라

세 번째 "근기가 감함에 따른다"고 한 것은
소문 가운데 여섯 가지로 나누리니,
첫 번째는 문장을 표한 것이다.

疏

謂昔因法爾하야 雖能常遍이나 約可流傳인댄 皆由機感이니 離機
說法이면 無所用故니라

말하자면 왕석의 원인과 법이 응당 그러하여[214] 비록 능히 항상
두루하지만 가히 유전하는 것을 잡는다면 다 근기가 감함에 인유한
것이니,
근기를 떠나 법을 설한다면 소용이 없는 까닭이다.

鈔

二는 躡前起後라

두 번째는 앞에 말[215]을 밟아 뒤에 말[216]을 일으키는 것이다.

---

214 왕석의 원인이란 두 번째 숙세의 원인이고, 법이 응당 그렇다고 한 것이란
    첫 번째 법이 응당 그러하다 한 것이다.
215 앞에 말이란 첫 번째와 두 번째 말이다.
216 뒤에 말이란 여기 제 세 번째 말이다.

疏

其猶上有白月하야 下資澄潭이니 潭淸影現이요 機感應生이니라

그것은 마치 하늘 위에 밝은 달이 있어서 하늘 아래 맑은 못에 자리하는 것과 같나니,
못이 맑음에 그림자가 나타나고, 근기가 감함에 응하여 생기하는 것이다.

鈔

三에 其猶下는 約喩顯相이라

세 번째 "그것은 마치 하늘 위에 밝은 달이 있어서 하늘 아래 맑은 못에 자리하는 것과 같다"고 한 아래는 비유를 잡아 모습을 나타낸 것이다.

疏

故로 兜率偈에 云호대 見佛亦復然하야 必假衆善業이라하며 十方諸佛이 告功德林하사대 及諸菩薩의 衆善根力故라하시며 解脫月이 云호대 此衆無諸垢하야 志解悉明潔等이라하시니 皆是機感이니라

그런 까닭으로 도솔천궁게찬품[217]에 말하기를 "부처님을 친견하는 것도 또한 다시 그러하여
반드시 수많은 선업을 가자해야 하는 것이다" 하였으며,
십행품에 시방의 모든 부처님이[218] 공덕림보살에게 일러 말씀하시기를 "모든 보살의 수많은 선근의 힘으로 미치는 까닭이다" 하였으며,
십지품에 해탈월보살이[219] 말하기를 "이 대중은 모든 번뇌(垢)가 없어서
뜻과 지해(解)가 다 밝고 맑다고 한 등이라" 하였으니,

---

217 도솔천궁게찬품은 정진당보살精進幢菩薩의 게송으로 위에 두 구절이 더 있다. 즉 "비여일체법譬如一切法이 중연고생기衆緣故生起달하야, 비유하자면 일체법이 수많은 인연 때문에 생기는 것과 같아서"라는 두 구절이 더 있다. 대정신수대장경 10권, p.123 중단에 있다.
218 십행품에 시방의 모든 부처님 운운은 십행품 장행문이니 대정신수대장경 10권, p.102 중단에 있다.
219 십지품에 해탈월보살 운운은 십지품 해탈월보살解脫月菩薩의 게송으로 아래 두 구절이 더 있다. 즉 승사무량불承事無量佛하니 능지차지의能知此地義리이다. "한량없는 부처님을 받들어 섬겼으니 능히 이 십지의 뜻을 알 수 있을 것입니다" 한 두 구절이 더 있다. 이 게송은 해탈월보살이 금강장보살에게 십지 법문을 청하는 게송이다. 대정신수대장경 10권, p.180 상단에 있다.

다 이것은 근기가 감하는 것이다.

鈔

四에 故兜率下는 引經證成이라

네 번째 "그런 까닭으로 도솔천궁게찬품에 말하였다"고 한 아래는 『화엄경』을 인용하여 증거하여 성립한 것이다.

疏

廣顯機感은 如第四敎所被機中에 說이니라

근기가 감함을 널리 나타낸 것은 제 네 번째[220] 화엄의 가르침이 입히는 바 근기 가운데 말한 것과 같다.

鈔

五에 廣顯下는 指略在廣이라

다섯 번째 "근기가 감함을 널리 나타낸다"고 한 아래는 간략하게 말한 것이 널리 말한 가운데 있음을 가리킨 것이다.

---

220 제 네 번째 운운은 『현담』 6권, p.126에 있다.

疏

然此機感이 通於現未하니 諸會當機는 卽是現在요 今之聞者는 是未來機니라

그러나 이 근기가 감하는 것이 현재와 미래에 통하는 것이니,
모든 회에 그 당시 근기[221]는 곧 이 현재요,
지금 화엄을 듣는 사람은 이 미래의 근기이다.

鈔

六에 然此下는 揀定於機라 言今之聞者는 是未來機者는 望說經時컨대 是未來故니라 故로 發心品中에 十方法慧佛이 言하사대 我等이 悉當護持此法하야 令未來世一切菩薩의 未曾聞者로 皆悉得聞이라 하시니 亦是未來機也니라

여섯 번째 "그러나 이 근기가 감한다"고 한 아래는 근기를 가려 결정하는 것이다.
"지금 화엄을 듣는 사람은 이 미래의 근기"라고 한 것은 경을 설한 때를 바라본다면 이 미래인 까닭이다.
그런 까닭으로 발심공덕품[222] 가운데 시방의 법혜 부처님이 법혜보살

---

221 모든 회에 그 당시 근기란 칠처구회의 당기當機이다.
222 발심공덕품은 제석천왕이 초발심 공덕에 대해 질문함에 법혜보살이 대답하고 시방의 동명同名 법혜불이 그것을 증명하는 부분이다. 따라서 시방의

에게 말씀하시기를 "우리 등[223]이 다 마땅히 이 법을 호지하여 미래 세상 일체 보살의 일찍이 듣지 못한 사람으로 하여금 모두 다 들음을 얻게 할 것이다" 하였으니,
역시 미래의 근기이다.

동명 법혜불이 각각 시방의 법혜보살에게 말씀하셨다는 것이니, 백불白佛이라 한 백白 자는 없는 것이 마땅하다 하겠다.
223 우리 등이란 시방의 동명 법혜불을 말한다.

疏

四에 爲敎本者는

네 번째 "교의 근본이 되는 것"이라고 한 것은

鈔

四에 爲敎本者는 文三이니 初는 標章이요 次는 總彰大意요 三에 然亦有二下는 開章別釋이라 初標는 可知라

네 번째 "교의 근본[224]이 된다"고 한 것은 소문에 세 가지가 있나니 처음에는 문장을 표한 것이요,
다음에는 큰 뜻을 한꺼번에 밝힌 것이요,
세 번째 "그러나 또한 두 가지가 있다"고 한 아래는 문장을 열어 따로 해석한 것이다.
처음에 문장을 표한 것은 가히 알 수 있을 것이다.

---

224 교의 근본이란, 대방광불화엄경이라 한 것은 다함이 없는 수다라의 총명이니, 대장계경이 모두 이 7자 안에 섭수되는 것이다.

疏

謂非海면 無以潛流요 非本이면 無以垂末이니

말하자면 바닷물이 아니면 잠잠히 흘러 들어갈 수 없고,
근본이 아니면 지말을 내릴 수 없는 것이니

鈔

大意中에 初二句는 立理라 故로 出現品에 云호대 譬如大海가 潛流四天下地일새 有穿鑿者는 無不得水라하니 彼喩佛智가 普入衆生身心이라 今借用之니 斯卽喩也니라 非本無以垂末者는 法說이니 如無海本이면 不能流末이요 無其本月이면 無影入於百川인달하야 無有法身이면 豈能垂於應化리오 故로 無有根本之法이면 何有隨宜之談가 하니라

다음에 큰 뜻을 밝히는 가운데 처음의 두 구절은 이치를 세운 것이다. 그런 까닭으로 출현품[225]에 말하기를 "비유하자면 큰 바닷물이 사천하의 땅에 잠잠히 흘러 들어가기에 어떤 사람이라도 땅을 파는 이는 물을 얻지 아니함이 없는 것과 같다" 하였으니,
저것은 부처님의 지혜가 널리 중생의 몸과 마음에 들어감을 비유한 것이다.

---

225 출현품은 대정신수대장경 10권, p.271 중단에 있고, 이 아래 『현담』제3권, p.230, 2행과 5행에도 설출하였다.

지금에는 그 말만 빌려서 썼으니,
이것은 곧 비유이다.
"근본이 아니면 지말을 내릴 수 없다"고 한 것은 법으로 말한 것이니, 마치 바다인 근본이 없다면 능히 지말에 흘러 들어가지 못하고, 그 근본인 달이 없다면 지말인 그림자가 백천 강에 들어갈 수 없는 것과 같아서, 법신이 없다면 어찌 능히 응화신을 내리겠는가. 그런 까닭으로 근본인 법이 없다면 어찌 마땅함을 따르는 지말인 말이 있겠는가 한 것이다.

疏

將欲逐機하야 漸施末敎일새 先示本法하야 頓演此經이니라

장차 근기를 좇아 점차 지말의 가르침을 베풀고자 하기에 먼저 근본의 법을 현시하여 이 『화엄경』을 한꺼번에 연설한 것이다.

鈔

後에 將欲下兩句는 正釋爲本之義라 故로 天台가 指爲乳敎라하니 乳是酪等諸味本故니라

뒤에 "장차"라고 한 아래 두 구절은 바로 근본이 되는 뜻을 해석한 것이다.
그런 까닭으로 천태스님이 『화엄경』을 가리켜 유교乳敎라 하였으니[226].
우유는 소락 등 모든 맛이 근본이 되는 까닭이다.

---

[226] 천태스님이 『화엄경』을 가리켜 유교乳敎라 한 것은, 천태스님의 『법화현의法華玄義』 사교의四敎義에 "화엄은 유교乳敎이고, 아함은 낙교酪敎이고, 방등은 생소교生酥敎이고, 반야는 숙소교熟酥敎이고, 법화는 제호교醍醐敎이다" 하였다.

疏

然亦有二하니 一은 爲開漸之本이니 出現品에 云호대 如日初出에 先照高山故니라

그러나 또한 두 가지가 있나니,
첫 번째는 점교를 여는 근본이 되는 것이니,
출현품에 말하기를 "마치 태양이 처음 떠오름에 먼저 높은 산을 비추는 것과 같은 까닭이다" 하였다.

鈔

出現品云等者는 彼文에 云호대 譬如日出에 先照須彌山等諸大高山하고 次照黑山하고 次照高原하고 然後에 普照一切大地나 日不作念호대 我先照此코 後照於彼라 但以山地가 有高下故로 照有先後인달하야 如來應正等覺도 亦復如是하야 成就無邊法界智輪하사 常放無礙智慧光明에 先照菩薩摩訶薩等諸大山王하고 次照緣覺하고 次照聲聞하고 次照決定善根衆生하사 隨其心器하야 示廣大智하고 然後에 普照一切衆生하며 乃至邪定도 亦皆普及하나니 爲作未來利益因緣하야 令成熟故로대 而彼如來大智日光은 不作是念호대 我當先照菩薩大行하며 乃至後照邪定衆生이라 但放光明하야 平等普照하사 無礙無障하며 無所分別이라하니 釋曰始成하시고 便說華嚴은 是照菩薩山王이니 此는 明先大後小니라

"출현품에 말하였다"고 한 등은 저 출현품 경문에 말하기를, "비유하자면 태양이 처음 떠오름에 먼저 수미산 등 모든 크고 높은 산[227]을 비추고, 다음에 검은 산[228]을 비추고, 다음에 높은 언덕을 비추고, 그러한 뒤에 널리 일체 대지를 비추지만, 태양은 내가 먼저 이 산을 비추고 뒤에 저 산을 비춘다는 생각을 짓지 않는다.
다만 산과 대지가 높고 낮음이 있는 까닭으로 먼저 비추고 뒤에 비춤이 있는 것과 같아서,
여래 응공 정등 정각도 또한 다시 이와 같아서 끝없는 법계의 지혜법륜을 성취하여 항상 걸림이 없는 지혜의 광명을 놓음에 먼저 보살마하살 등 모든 큰 산 왕을 비추고, 다음에 연각을 비추고, 다음에 성문을 비추고, 다음에 결정된 선근 중생을 비추어 그 마음의 그릇을 따라 광대한 지혜를 보이고, 그러한 뒤에 널리 일체 중생을 비추며, 내지 사정취 중생에게도 또한 다 널리 비춤이 미치나니,
미래에 이익히는 인연을 지어 히여금 성숙케 히기 위힌 까닭이지만, 그러나 저 여래의 큰 지혜 태양의 광명은 내가 마땅히 먼저 보살의 큰 행을 비추며,
내지 뒤에 사정취 중생을 비춘다는 생각을 짓지 않는다.
다만 광명만 놓아서 평등하게 널리 비추어 걸림도 없고 막힘도 없으며,
분별하는 바도 없다" 하였으니,

---

227 고高 자는 출현품엔 없고, 대신 산山 자 아래 왕王 자가 있다.
228 검은 산이란 수미산 등 높은 산 외에 나머지 일반적으로 높은 산을 말한다.

해석하여 말하면 처음 정각을 이루시고 곧 『화엄경』을 설하신 것은 이것은 보살의 산왕을 비추는 것이니,

이것은 대승을 먼저 말하고 소승을 뒤에 말함을 밝힌 것이다.

疏

二는 爲攝末之本이니 如日沒時에 還照高山故니라

두 번째는 지말을 섭수하는 근본이 되는 것이니,
마치 태양이 질 때에도 도리어 높은 산을 비추는 것과 같은 까닭이다.

鈔

二에 爲攝末之本者는 於中에 二니 初는 標名이라 華嚴은 未有末之可攝이나 以法華는 攝末歸本하야 歸華嚴故니 故로 爲本也니라 言如日等者는 後에 義證이니 取出現經意하야 以證而無此文하니 卽是法華의 所明先小後大니라 及三時五時之敎가 後後가 勝於前前하니 法華涅槃에 唯明一極은 爲照菩薩이니라

두 번째 "지말을 섭수하는 근본이 된다"고 한 것은 그 가운데 두 가지가 있나니,
처음에는 이름을 표한 것이다.
『화엄경』은 지말을 가히 섭수할 것이 있지 않지만, 『법화경』은 지말을 섭수하여 근본에 돌아가 화엄에 돌아가는 까닭이니,
그런 까닭으로 근본이 되는 것이다.
마치 태양이 질 때도 도리어 높은 산을 비추는 것과 같다고 말한 것은 뒤에 뜻으로 증거한 것이니,
출현품 경의 뜻을 취하여 증거하였지만 출현품의 경문에는 이 문장

이 없나니,

곧 이것은 『법화경』에서 밝힌 바 소승을 먼저 말하고 대승을 뒤에 말한 것이다.

그리고 삼시교[229]와 오시교가 뒤에 뒤에가 앞에 앞에보다 수승하나니,

법화시와 열반시에 오직 일승의 종극만 밝힌 것은 보살을 비추기 위한 것이다.

---

[229] 삼시교란

1 사제소승법륜 —— 유교有敎 —— 사아함四阿含 ┐
2 제법자성공륜 —— 공교空敎 —— 반야경 ├── 계현戒賢스님
3 대승정리 —— 중도교中道敎 —— 해심밀경 ┘

1 초시(녹야원) —— 유교 —— 아함 ┐
2 제이시 —— 중도교 —— 해심밀경 ├── 지광智光스님
3 제삼시 —— 공교 —— 반야경 ┘

보편적으로는 삼시교는 유교·공교·중도교이다. 화엄은 지광의 삼시를 더 주장한다. 오시교는 천태 오시교이다.

疏

無不從此法界流며 無不還歸此法界故니라

이 법계로 좇아 유출하지 아니함이 없으며,
도리어 이 법계에 돌아가지 아니함이 없는 까닭이다.

鈔

無不從此下는 三에 雙證上二니 先은 引攝論이요 後는 引法華라 初引 攝論에 從法界流²³⁰는 卽證開漸之本이요 無不還歸此法界故는 卽證 攝末之本이라 此는 以義證敎니 謂論에 所明報化身等이 皆從法身生 하야 還歸於法身은 法身等이 卽義니 今以法身으로 類於華嚴일새 故 로 云 以義證敎也라하니라

"이 법계로 좇아 유출하지 아니함이 없다"고 한 아래는 세 번째 위에 두 가지²³¹를 함께 증거한 것이니,
먼저는 『섭론』을 인용한 것이요,
뒤에는 『법화경』을 인용한 것이다.
처음 『섭론』을 인용함에 "법계로 좇아 유출하지 아니함이 없다"고

---

230 종법계류는 뜻으로는 통하지만 소문처럼 무불無不 두 자를 넣어 무불종차법계 류라 해야 옳다. 물론 차此 자도 넣어야 한다.
231 위에 두 가지란, 첫 번째 점교를 여는 근본과 두 번째 지말을 섭수하는 근본이다.

한 것은 곧 점교를 여는 근본을 증거한 것이요,
"도리어 이 법계에 돌아가지 아니함이 없는 까닭"이라고 한 것은 곧 지말을 섭수하는 근본을 증거한 것이다.
이것은 뜻으로써 교[232]를 증거한 것이니,
말하자면 『섭론』에 밝힌 바 보신과 화신 등이 다 법신으로 좇아 생기하여 도리어 법신에 돌아간다고 한 것은 법신 등이 곧 뜻이니, 지금에는 법신으로써 『화엄경』에 비류하기에 그런 까닭으로 말하기를 "뜻으로써 교를 증거한 것이다" 하였다.

---

[232] 뜻(義)이란 소전이고, 교敎란 능전이다.

疏

法華에 亦云호대 始見我身하고 聞我所說에 卽皆信受하야 入如來慧는 此는 漸本也요 次云호대 除先修習學小乘者는 卽開漸也요 又云호대 我今亦令得聞是經하고 入於佛慧는 卽攝末歸本也니

『법화경』[233]에 또한 말하기를 "처음 나의 몸을 보고 내가 설한 바를 들음에 곧 다 믿고 받아 여래의 지혜에 들어간다"고 한 것은 이것은 점교를 여는 근본이요,

다음에 말하기를 "먼저 소승을 닦아 익히고 배운 사람은 제외한다"고 한 것은 곧 점교를 여는 것이요,

또 말하기를 "내가[234] 지금 또한 하여금 이 『법화경』을 얻어 듣고 부처님의 지혜에 들어가게 한다"고 한 것은 곧 지말을 섭수하여 근본에 돌아가는 것이니,

鈔

法華에 亦云下는 引法華證이라 故로 下에 吉藏이 引此하여 立三種法輪하니 第一은 名根本法輪이요 第二는 名枝末法輪이요 第三은 名攝末歸本法輪이라 文中에 便引便釋하니 三節이 具也로다

---

233 『법화경』은 대정신수대장경 9권, p.40 중단에 있다.
234 내란 사리불이다.

"『법화경』에 또한 말하였다"고 한 아래는 『법화경』을 인용하여 증거한 것이다.

그런 까닭으로 아래 길장[235]법사[236]가 이것을 인용하여 세 가지 법륜을 세웠으니,

첫 번째는 이름이 근본법륜이요,

두 번째는 이름이 지말법륜이요,

세 번째는 이름이 지말을 섭수하여 근본에 돌아가는 법륜이다.

소문 가운데 바로 인용하고 바로 해석하였으니

삼절이 갖추어졌다.

---

235 길장(吉藏, 549~623)은 수의 승려로 삼론종三論宗의 개조이다. 『삼론현의三論玄義』, 『중관론소中觀論疏』, 『십이문론소十二門論疏』, 『백론소百論疏』 등을 저술하였다.

236 아래 길장법사라 한 것은 아래 『현담』 3권, p.261에 장교소섭이다.

疏

斯則法華도 亦指此經하야 以爲本矣로다

이것은 곧 『법화경』도 또한 이 『화엄경』을 가리켜 근본을 삼은 것이다.

鈔

斯則下는 二에 結成本義니 若自立爲本인댄 恐義未明이어니와 法華에 指此爲本하니 本義方顯이라 始見我身하고 入於佛慧가 旣卽華嚴인댄 亦令得聞法華하고 入於佛慧가 豈非指初爲本이리오 又法華第一에 云호대 於一佛乘에 分別說三이라하니 亦是從本流末이라 卽指華嚴하야 爲一佛乘하고 分別說昔之三이니 三은 卽鹿野四諦等이라 若不指華嚴爲本이면 鹿野之前에 以何爲一乘耶아

"이것은 곧"이라고 한 아래는 두 번째 근본[237]이 되는 뜻을 맺어 성립한 것이니,
만약 스스로 뜻을 세워 근본이 된다[238]고 한다면 뜻이 분명하지 아니함을 염려해야 할 것이지만, 『법화경』에도 이 『화엄경』을 가리켜 근본을 삼았으니,

---

237 두 번째 근본은 제 두 번째 섭말귀본攝末歸本이다.
238 스스로 뜻을 세워 근본이 된다고 한 것은 증거도 없이 스스로 뜻을 세워 근본이 된다고 주장하는 것이다.

근본이 되는 뜻이 바야흐로 나타난 것이다.
처음 나의 몸[239]을 보고 부처님의 지혜에 들어간다고 한 것이 이미 『화엄경』에 즉한 것이라면, 또한 하여금 이 『법화경』[240]을 얻어 듣고 부처님의 지혜에 들어가게 한다고 한 것이 어찌 처음에 설한 『화엄경』을 가리켜 근본을 삼은 것이 아니겠는가.
또 『법화경』 제일권[241]에 말하기를 "저 일불승에 분별하여 삼승을 설한 것이다" 하였으니,
역시 근본을 좇아 지말을 유출한 것이다.
곧 『화엄경』을 가리켜 일불승을 삼고 분별하여 옛날의 삼승을 설한 것이니,
삼승은 곧 녹야원에서 설한 사제四諦 등이다.
만약 『화엄경』을 가리켜 근본을 삼지 않는다면 녹야원 이전에는 무엇으로써 일승을 삼겠는가.

---

239 나의 몸(我身)이라는 두 글자가 빠진 것을 보증하였다. 소문엔 시견아신始見我身이라 하였다. 영인본은 1책, p.197, 1행에 있고, 탄허본은 여기 3행에 있다.
240 『법화경』이란 영인본 1책, p.197, 3행에 있다. 여기 소문은 4행에 있다.
241 제일권은 사품이다.

疏

五에 顯果德者는 謂此本法中에 顯佛勝德하야 令諸菩薩로 信向證故니 不識寶玉이면 不得其用인달하야 不知此德이면 安能仰求리오

다섯 번째 "과보의 공덕을 나타낸다"고 한 것은 말하자면 이 근본이 되는 법 가운데 부처님의 수승한 공덕을 나타내어 모든 보살로 하여금 믿고 회향하고 증득케 하는 까닭이니,
보배 옥[242]을 알지 못하면 그 작용을 얻을 수 없는 것과 같아서, 이 수승한 공덕을 알지 못하면 어찌 능히 첨앙하여 구하겠는가.

鈔

五에 顯果德者는 疏文分二호리니 初는 總明大意라 有法喩合하니 可

---

242 보배옥 운운은, 초楚나라 화씨和氏가 형산의 곤강골에서 옥돌을 주워 여왕厲王에게 바쳤는데 여왕이 감정사에게 감정을 하니 돌이라 했다. 여왕은 화씨의 왼발을 잘랐다. 여왕이 죽고 무왕武王이 즉위하자 또 그 돌을 바쳤다. 무왕은 오른발을 잘랐다. 무왕이 죽고 문왕文王이 즉위하자 화씨는 그 돌을 안고 형산 아래서 3일 밤낮을 통곡하였다. 급기야 눈물이 다하여 피눈물이 나왔다. 그 사실을 들은 문왕이 사람을 시켜 우는 이유를 물으니 "저는 다리 잘린 것이 슬퍼 우는 것이 아니라, 저를 사기꾼으로 보는 것이 슬퍼 웁니다" 하였다. 그 보고를 받은 문왕은 그 돌을 가공케 했고 그 돌이 옥돌임을 알았다. 그리고는 그 돌을 화씨의 옥돌이라 했다. 이 일화는 『한비자』의 화씨편에 있다.

知로다

다섯 번째 "과보의 공덕을 나타낸다"고 한 것은 소문을 두 가지로 나누리니,
처음에는 큰 뜻을 한꺼번에 밝힌 것이다.
법과 비유와 법합이 있나니
가히 알 수 있을 것이다.[243]

---

[243] 가히 알 수 있을 것이다 한 것은, 법은 이 근본이 되는 법이라 한 이하이고, 비유는 보배 옥을 알지 못하면이라 한 이하이고, 법합은 이 덕을 알지 못하면이라 한 이하이다.

疏

然이나 果德이 有二하니 一은 依果니 謂華藏世界海等이요 二는 正果니 如來十身等이라 此二無礙로 以爲佛德이니라

그러나 과보의 공덕[244]이 두 가지가 있나니
첫 번째는 의보과이니
말하자면 화장세계의 바다 등이요,
두 번째는 정보과이니
여래의 열 가지 몸 등이다.
이 두 가지가 걸림이 없는 것으로써 부처님의 공덕[245]을 삼는 것이다.

鈔

然이나 果德이 有二下는 開章別釋이라 於中에 亦二니 先은 正釋이니 可知라

"그러나 과보의 공덕이 두 가지가 있다"고 한 아래는 문장을 열어 따로 해석한 것이다.
그 가운데 또한 두 가지가 있나니,
먼저는 바로 해석한 것이니
가히 알 수 있을 것이다.

---

244 과보의 공덕(果德)이란, 불과佛果의 공덕이라는 뜻이다.
245 부처님의 공덕이란, 곧 과보의 공덕이라 한 것이다.

疏

然이나 依正無礙 通有六句하니 一은 依內現依니 如塵中刹海요 二는 正內現正이니 如毛孔現佛이요 三은 正內現依요 四는 依內現正이요 五는 依內에 現依正이요 六은 正內에 現正依니 其文이 非一이니라

그러나 의보과와 정보과가 걸림이 없는 것이 모두 여섯 구절이 있나니,
첫 번째는 의보 안에 의보를 나타내는 것이니
마치 작은 티끌 가운데 세계의 바다와 같은 것이요,
두 번째는 정보 안에 정보를 나타내는 것이니
마치 털구멍 가운데 부처님을 나타내는 것과 같은 것이요,
세 번째는 정보 안에 의보를 나타내는 것이요,
네 번째는 의보 안에 정보를 나타내는 것이요,
다섯 번째는 의보 안에 의보와 정보를 나타내는 것이요,
여섯 번째는 정보 안에 정보와 의보를 나타내는 것이니,
그와 같은 경문이 하나가 아니다.[246]

---

[246] 그와 같은 경문이 하나가 아니라고 한 것은, 초문에 제육경 등을 이끌어 말하고 있다.

鈔

後에 然이나 依正無礙下는 融通이라 於中에 三이니 初는 約用互在하야 以明六句요 次는 約體相相卽하야 以明四句요 後에 隨擧一門下는 雙結體用이라

뒤에 "그러나 의보과와 정보과가 걸림이 없다"고 한 아래는 융합하여 통석한 것이다.
그 가운데 세 가지가 있나니,
처음에는 작용이 서로 존재함[247]을 잡아 여섯 구절을 밝힌 것이요,
다음에는 자체와 모습이 서로 즉함[248]을 잡아 네 구절을 밝힌 것이요,
뒤에 한 문(一門)을 거론함을 따른다고 한 아래는 자체와 작용을 함께 맺는 것이다.

今初니 言然依正無礙通有六句로 至其文非一者는 約用也니 初二는 指事令曉요 餘但列名이라 然이나 相卽相入과 相在之義는 義分齊中에 廣明이나 而相入이 各有分圓하니 若約圓說인댄 應言刹中有刹이어니와 今欲顯勝일새 擧塵毛之分하야 以攝刹身之總也니라

---

247 서로 존재한다고 한 것은, 하나가 많은 것에 들어가고 많은 것이 하나에 들어가는 것을 말한다.
248 원문에 상즉相卽이라 한 상相 자는 『회현기』엔 없고, 다만 약約 자를 넣어 약체상즉約體相卽이라 하였으니 일리가 있다. 바로 위에 약용호재約用互在라 한 것을 상대하여 보면 더욱 그렇다. 바로 아래 p.157, 1행에 약체상상즉約體相相卽도 상相 자가 없어야 옳다. 영인본으로는 1책, p.203, 3행이다.

지금은 처음으로, "그러나 의보과와 정보과가 걸림이 없는 것이 모두 여섯 구절이 있다"고 한 것으로부터 "그와 같은 경문이 하나가 아니다"고 한 것에 이르기까지는 작용을 잡은 것이니,
처음에 두 구절은 사실을 가리켜 하여금 알게 한 것이요,
나머지 네 구절은 다만 이름만 열거한 것이다.
그러나 서로 즉하고 서로 들어가고 서로 있는 뜻은 의리분제 가운데 널리 밝혔지만, 서로 들어가는 것이 각각 부분과 원만이 있나니, 만약 원만을 잡아 말한다면 응당 말하기를 "세계 가운데 세계가 있다"[249]고 해야 할 것이어니와, 지금에는 수승함을 나타내고자 하기에 작은 티끌과 털구멍[250]의 부분을 거론하여 세계와 불신의 모든 것을 섭수한 것이다.

言其文非一者는 謂第六經에 法界普明慧菩薩偈에 云호대 佛刹微塵數의 如是諸國土를 能令一念中에 一一塵中現이라하니 卽第一句에 依中現依也요 成就品에 云호대 一微塵中多刹海의 處所各別悉嚴淨이니 如是無量入一中이나 一一區分無雜越이라하니 亦第一句也니라

---

249 원문에 유찰有刹이라 한 아래에 신중유불身中有佛이라는 네 글자가 있어야 한다. 그 이유는 이 초문 마지막 구절에 이섭찰신以攝刹身이라 한 때문으로, 찰刹은 찰중유찰刹中有刹이고 신은 신중유찰身中有佛이다.
250 원문에 진모塵毛라 한 진塵은 미진으로 찰해刹海이고, 모毛는 모공毛孔으로 불신佛身이다.

"그와 같은 경문이 하나가 아니다"고 한 것은 말하자면 제육경[251]에
법계보명혜보살의 게송에 말하기를
"부처님의 세계에 작은 티끌 수만치 많은,
이와 같은 모든 국토를
능히 하여금 한 생각 가운데
낱낱이 작은 티끌 가운데 나타나게 한다" 하였으니,
곧 첫 번째 구절에 "의보 가운데 의보를 나타낸다" 한 것이요,
세계성취품[252]에 말하기를
"하나의 작은 티끌 가운데 수많은 국토 바다의
처소가 각각 다르게 다 장엄되고 청정하나니.
이와 같이 한량없는 국토 바다가 하나의 티끌 가운데 들어가지만
낱낱이 구분되어 섞이지도 넘지도 않는다" 하였으니,
또한 첫 번째 구절이다.

現相品에 云호대 如來——毛孔中에 一切刹塵諸佛坐어든 菩薩衆會 共圍繞하고 演說普賢之勝行이라하니 卽第二句에 正內現正也요 迴向品에 云호대 一毛孔中悉明見 不思議數無量佛하고 一切毛孔皆如是하야 普禮一切世間燈이라하며 僧祇品에 云호대 於一微細毛端處에 有不可說諸普賢하고 如一毛端一切爾하며 如是乃至遍法界라 하니 皆第二句也니라

---

251 제육경은 여래출현품이다.
252 세계성취품은 게송이다.

여래현상품[253]에 말하기를
"여래의 낱낱 털구멍 가운데
일체 국토의 작은 티끌 수만치 많은 모든 부처님이 앉아 계시거든,
보살 대중이 모여 함께 에워싸고
보현의 수승한 행을 연설한다" 하였으니,
곧 제 두 번째 구절에 정보 안에 정보를 나타낸 것이요,
회향품[254]에 말하기를
"한 털구멍 가운데 다
사의할 수 없는 수의 한량없는 부처님을 분명하게 친견하고
일체 털구멍에도 다 이와 같이 친견하여
일체 세간의 등불[255]에게 널리 예배한다" 하였으며,
아승지품[256]에 말하기를
"하나의 미세한 털끝 처소에
가히 말할 수 없는 모든 보현이 있고,
하나의 털끝 처소와 같이 일체 털끝 처소에도 다 그러하며,
이와 같이 내지 법계에 두한 처소에도 그러함이라" 하였으니,
다 제 두 번째 구절이다.

又云호대 於一微細毛孔中에 不可說刹次第入어든 毛孔能受彼諸刹

---

253 여래현상품은 일체법승음一切法勝音보살의 게송이다.
254 회향품은 게송이다.
255 세간의 등불은 부처님이다.
256 아승지품은 게송이다.

이나 諸刹不能遍毛孔이라하니 卽第三句에 正內現依也요 現相品에
云호대 如來安坐菩提座하사 一毛示現多刹海하며 一一毛現悉亦然
하야 如是普周於法界라하니 亦第三句也니라

또 아승지품에 말하기를[257]
"하나의 미세한 털구멍 가운데
가히 말할 수 없는 국토에 차례로 들어가거든,
털구멍은 능히 저 모든 국토를 수용하지만
모든 국토는 능히 털구멍에 두루하지 않는다" 하였으니,
곧 제 세 번째 구절에 정보 안에 의보를 나타낸 것이요,
여래현상품[258]에 말하기를
"여래께서 보리의 자리에 앉아
한 털끝에 수많은 국토와 바다를 시현하며,
낱낱 털끝에 시현하는 것도 다 또한 그렇게 하여
이와 같이 널리 법계에 두루한다" 하였으니,
또한 제 세 번째 구절이다.

第五經普賢偈에 云호대 如於此會見佛坐하야 一切塵中悉如是라 佛
身無去亦無來나 所有國土皆明現이라하니 卽第四句에 依內現正也
요 現相品에 云호대 一切刹土微塵數에 常現身雲悉充滿하며 普爲衆

---

257 우운又云이란 아승지품 게송이다.
258 여래현상품은 역시 일체법승음보살의 게송이다. 단 제일구에 안좌安坐라
 한 좌坐 자만 처處 자로 되어 있는 것이 다르다.

生放大光하고 各雨法雨稱其心이라하니 亦第四句也니라

제오경[259] 묘엄품 보현의 게송에 말하기를
"마치 이 회중에서 부처님이 앉아 계심을 보는 것과 같아서,
일체 티끌 가운데서도 다 이와 같이 보는 것이다.
부처님의 몸은 감도 없고 또한 옴도 없지만,
있는 바 국토에 다 분명하게 나타난다" 하였으니,
곧 제 네 번째 구절에 의보 안에 정보를 나타낸 것이요,
여래현상품[260]에 말하기를
"일체 작은 티끌 수만치 많은 국토에
항상 몸의 구름을 나타내어 다 충만케 하며,
널리 중생을 위하여 큰 광명을 놓고
각각 법의 비를 내려 그 마음에 칭합케 한다" 하였으니,
또한 제 네 번째 구절이다.

又云호대 一一塵中無量身이 復現種種莊嚴刹하며 一念沒生普令見
하야 獲無礙意莊嚴者라하니 卽第五句에 依內에 現依正也요 僧祇品
에 云호대 一微塵中能悉有 不可言說蓮華界하고 一一蓮華世界中에
賢首如來不可說이라하니 亦第五句也니라

---

259 제오경이란 묘엄품 게송이다.
260 여래현상품이란, 여래현상품에 일체법승음보살의 게송으로 마지막 게송이다.

또 여래현상품에 말하기를[261]

"낱낱 티끌 가운데 한량없는 몸이

다시 가지가지 장엄한 국토를 나타내며,

한 생각에 죽었다 태어남을 널리 하여금 보게 하여

걸림이 없는 뜻의 장엄을 얻은 사람이라" 하였으니,

곧 제 다섯 번째 구절에 의보 안에 의보와 정보를 나타낸 것이요,

아승지품[262]에 말하기를

"하나의 작은 티끌 가운데 능히 다

가히 말할 수 없는 연화장 세계가 있고,

낱낱 연화장 세계 가운데

가히 말할 수 없는 현수여래가 있다" 하였으니,

또한 제 다섯 번째 구절이다.

世界成就品에 云호대 一毛孔內難思刹이 等微塵數種種住하고 一皆有遍照尊하야 在衆會中宣妙法이라하니 卽第六句에 正內에 現正依也요 現相品에 云호대 一切諸佛土와 一一諸菩薩이 普入於佛身하야 無邊亦無盡이라하며 成就品에 云호대 一切刹土入我身하고 所住諸佛亦復然하니 汝應觀我諸毛孔하라 我今示汝佛境界라하니 皆第六句也니라

---

261 우운又云이란 여래현상품 게송이다. 앞에 인용한 게송보다 앞에 있나니, 이 게송은 특정한 한 보살이 읊은 것이 아니라 모든 보살의 광명 가운데서 동시에 읊은 게송이다.

262 아승지품이란 아승지품 게송이다.

세계성취품에 말하기를
"한 털구멍 안에 사의하기 어려운 국토가
작은 티끌 수와 같이 가지가지로 머물고,
낱낱 국토에 다 광명변조 세존[263]이 계시어
대중이 모인 가운데서 묘한 법을 선설하고 있다" 하였으니,
곧 제 여섯 번째 구절에 정보 안에 정보와 의보를 나타낸 것이요,
여래현상품[264]에 말하기를
"일체 모든 부처님의 국토와
낱낱 모든 보살이
널리 부처님의 몸에 들어가
끝도 없고 또한 다함도 없다" 하였으며,
세계성취품에 말하기를
"일체 국토가 나의 몸에 들어오고
머무는 바 모든 부처님도 또한 다시 그러하나니,
그대는 응당 나의 모든 털구멍을 관찰하라.
내가 지금 그대에게 부처님의 경계를 현시할 것이다" 하였으니,
다 제 여섯 번째 구절이다.

---

263 원문에 변조존遍照尊은 광명변존이니 비로자나불이다.
264 여래현상품은 게송이다. 여래현상품의 게송이 칠구七句 게송과 사구四句 게송이 있나니, 여기는 사구 게송으로 향염보명혜香焰普明慧보살의 게송이다.

疏

又有四句하니 一은 或唯依니 佛卽刹故요 二는 或唯正이니 刹卽佛故요 三은 俱요 四는 泯이니 思之可知니라

또 네 구절이 있나니
첫 번째는 혹 오직 의보뿐이니
부처님이 곧 국토인 까닭이요,
두 번째는 혹 오직 정보뿐이니
국토가 곧 부처님의 몸인 까닭이요,
세 번째는 의보와 정보가 함께 있는[265] 것이요,
네 번째는 의보와 정보가 함께 없는[266] 것이니,
생각하면 가히 알 수 있을 것이다.

鈔

又有四句等者는 第二에 約體相相卽하야 明四句也니 相卽互亡일새 故無有六이니라 一에 佛卽刹者는 佛體가 卽是法性土故로 廢己從他하야 佛體虛故며 土外無佛하야 法性無二故니라 二에 刹卽佛者는 刹體가 卽是法性身故로 廢他從己하야 刹體虛故며 佛外無刹하야 法性

---

265 함께 있다고 한 것(俱)은 전수문全收門이다.
266 함께 없다(泯)고 한 것은 전간문全揀門이니, 즉 서로 빼앗는 것이다. 생각하면 가히 알 수 있을 것이라고 한 것은 제 세 번째와 제 네 번째이니, 초문에 잘 나타나 있다.

無二故니 由性無二하야 以性融相일새 故로 身刹相卽이니라 三에 俱者는 謂有身有土하야 不壞相故니 若無身土면 無可相卽故니라 四에 泯者는 謂佛卽刹故로 非佛이요 刹卽佛故로 非刹이니 以互奪故니라

"또 네 구절이 있다"고 한 등은 제 두 번째 자체와 모습이 서로 즉함을 잡아 네 구절을 밝힌 것이니,
서로 즉하고 서로 없어지기에 그런 까닭으로 여섯 구절이 없는 것[267]이다.
첫 번째 "부처님이 곧 국토"라고 한 것은 부처님 자체가[268] 곧 이 법성의 국토인 까닭으로, 자기 몸을 버리고 다른 국토를 좇아[269] 부처님 자체가 없는 까닭이며,
국토 밖에 부처님이 없어서 법성[270]이 둘이 없는 까닭이다.
두 번째 "국토가 곧 부처님의 몸"이라고 한 것은 국토 자체가 곧 이 법성의 몸인 까닭으로, 다른 국토를 버리고 자기 몸을 좇아 국토 자체가 없는 까닭이며,

---

267 여섯 구절이 없다고 한 것은 네 구절만 있다는 뜻이다.
268 부처님 자체가 운운한 것은 『불지론』의 말이다.
269 자기 몸을 버리고 다른 국토를 좇는다고 한 것(廢己從他)은 곧 사신종토捨身從土이다. 『현담』 2권, p.85, 3행에 상즉相卽을 설명하면서 여유투수如乳投水에 폐기동타廢己同他일새 고명상즉故名相卽이라 하니, 비견하여 볼 것이다.
270 법성이란 법성토의 가변적 의미이니, 사토四土의 하나이다. 즉 법성동거토는 화신이 거주하는 곳이고, 방편유여토는 소승이 거주하는 곳이고, 실보장엄토는 보신이 거주하는 곳이고, 대적광토는 법신이 거주하는 곳이다.
두 번째 소승의 거주처도 화신에 속한다.

부처님 밖에 국토가 없어서 법성이 둘이 없는 까닭이니,

법성이 둘이 없음을 인유하여 법성으로써 모습에 융합하기에, 그런 까닭으로 몸과 국토가 서로 즉하는 것이다.

세 번째 "의보와 정보가 함께 있다"고 한 것은 말하자면 몸도 있고 국토도 있어서 그 몸과 국토의 모습을 무너뜨리지 않는 까닭이니, 만약 몸과 국토가 없다면 가히 서로 즉할 것이 없는 것이다.

네 번째 "의보와 정보가 함께 없다"고 한 것은 말하자면 부처님이 곧 국토인 까닭으로 부처님이 없고, 국토가 곧 부처님인 까닭으로 국토가 없나니,

서로 빼앗는 까닭이다.

疏

隨擧一門하야 則攝一切니 並如下說하니라

하나의 문을 거론함을 따라 곧 일체 문을 섭수하나니,
아울러 아래서 말한 것과 같다.

鈔

隨擧一門者는 三에 雙結體用이니 以卽入二門이 無二體故로 體外無用하야 唯相卽故며 用外無體하야 唯相入故니 如無鏡外之明과 明外之鏡故니라 言並如下說者는 卽指義分齊中이니라

"하나의 문을 거론함을 따른다"고 한 것은 세 번째 자체와 작용을 함께 맺는 것이니,
서로 즉하고 서로 들어가는 두 가지 문이 두 가지 자체가 없는 까닭으로 자체 밖에 작용이 없어서 오직 서로 즉할 뿐인 까닭이며, 작용 밖에 자체가 없어서 오직 서로 들어갈 뿐인 까닭이니,
마치 거울 밖에 밝음[271]과 밝음 밖에 거울이 없는 것과 같은 까닭이다.
"아울러 아래서 말한 것과 같다"고 한 것은 곧 의리분제[272] 가운데를 가리킨 것이다.

---

271 거울 밖에 밝음이란, 거울은 자체이고 밝음은 작용이다.
272 의리분제는 『현담』 6권, 1장에 있다.

疏

六에 彰地位者는 爲顯菩薩의 修行佛因이니 一道至果나 有階差故니라

여섯 번째 "지위를 밝힌다"고 한 것은 보살이 수행하여 부처님이 되는 원인을 나타내는 것이니,
한 길(一道)[273]로 과위[274]에 이르지만 단계의 차별이 있는 까닭이다.

鈔

六에 彰地位者는 疏文에 二니 初는 總彰大意요 後는 開章別釋이라 前中에 二니 先은 順明來意라

여섯 번째 "지위를 밝힌다"고 한 것은 소문에 두 가지가 있나니,
처음에는 큰 뜻을 한꺼번에 밝힌 것이요,
뒤에는 문장을 열어 따로 해석한 것이다.
앞에 큰 뜻을 밝히는 가운데 두 가지가 있나니,
먼저는 이 말이 여기에 온 뜻을 순리대로 밝힌 것이다.

---

273 일도一道란 보살도이니, 세 가지가 있다. 一은 오직 남행南行하는 것이고, 二는 오직 하나의 인과이고, 三은 오직 성현이 만행을 닦는 것이니 다시 다른 길이 없다는 것이다.

274 과위란 불과위佛果位이다.

疏

夫聖人之大寶曰位니 若無此位면 行無成故니라

대저 성인의 큰 보배를 지위라 말하나니,
만약 이 지위[275]가 없다면 행이 이루어질 수 없는[276] 까닭이다.

鈔

後에 夫聖人下는 立理反成이라 聖人之大寶曰位者는 卽周易下繫에 云호대 天地之大德曰生이요 聖人之大寶曰位라하야늘 注에 云호대 夫無用則無所寶요 有用則有所寶也라 無用而常足者는 莫妙乎道요 有用而弘道者는 莫大乎位니 故로 云호대 聖人之大寶曰位也라하니라 言若無此位면 行無成者는 卽反成須位也니라

뒤에 "대저 성인"이라고 한 아래는 이치를 세워 반대로 성립한 것이다. "성인의 큰 보배를 지위라 말한다"고 한 것은 곧 『주역하계』에 말하기를 "천지의 큰 덕을 생生이라 말하고,
성인의 큰 보배를 지위(位)라 말한다[277] 하였거늘,

---

275 이 지위란 성인의 지위로 불과위佛果位이다.
276 행이 이루어질 수 없다고 한 것은, 불과위를 얻기 위한 수행이 성립될 수 없다는 것이니, 오십위五十位 수행 점차가 필요 없다는 것이다. 이것을 보살 인행因行이라고도 한다.
277 큰 보배를 지위(位)라 말한다고 한 아래에, 무슨 까닭으로 그 성인의 지위(자리)

한강백[278]의 주注에 말하기를 "대저 쓸 곳이 없다면 곧 보배[279]로 여기는 바가 없고,

쓸 곳이 있다면 곧 보배로 여기는 바가 있는 것이다.

쓸 곳이 없지만 항상 만족하는 것은 도道보다 큰 것이 없고[280],

쓸 곳이 있어 도를 넓히는 것은 지위(位)보다 큰 것이 없나니, 그런 까닭으로 말하기를, 성인의 큰 보배를 지위라 말한다" 하였다. "만약 이 지위가 없다면 행이 이루어질 수 없다"고 한 것은 곧 지위를 수구하는 것을 반대로 성립한 것이다.

를 지키는가, 인仁이라 말하며, 무슨 까닭으로 그 사람(백성)을 모으는가, 재물이라 말하며, 재물과 정치와 언사(교육)를 다스려 백성에게 잘못을 금지하는 것을 의義라 말한다 하였다.

278 한강백韓康伯은 중국 진晉나라의 관료로, 현학자이다. 저서로 왕필이 『주역』에 주註를 단 『주역정의周易正義』에 다시 주를 단 것이 알려져 있다.

279 쓸 곳이란 백성이고, 보배란 성인이다.

280 도道보다 큰 것이 없다고 한 것은, 도는 써도 다하지 않고 취하여도 다하지 않고 무궁무진한 것이다.

疏

此亦二種이니 一은 行布門이니 立位差別故라

여기에 또한 두 가지가 있나니,
첫 번째는 행포문行布門이니
지위의 차별을 세우는 까닭이다.

鈔

此亦二種下는 二에 開章別釋也라 於中에 三이니 一은 正釋이요 二는 會融이요 三은 引證이라 初中에 先은 釋行布니 言行布者는 行列分布階降淺深이라 如第二會에 明信하고 三明住하고 四明行하고 五明向하고 六明地하고 七明等妙하니 前非是後요 後非是前일새 故言行布니라

"여기에 또한 두 가지가 있다"고 한 아래는 두 번째 문장을 열어 따로 해석한 것이다.
그 가운데 세 가지가 있나니
첫 번째는 바로 해석한 것이요,
두 번째는 회통하여 융합한 것이요,
세 번째는 인용하여 증거한 것이다.
처음 바로 해석한 가운데 먼저는 행포문을 해석한 것이니,
행포라고 말한 것은 오르고 내리는 것과 깊고 얕은 것을 행렬하고

분포한 것이다.

마치 제이회에 십신을 밝히고, 삼회에 십주를 밝히고, 사회에 십행을 밝히고, 오회에 십회향을 밝히고, 육회에 십지를 밝히고, 칠회에 등각과 묘각을 밝힌 것과 같나니,

앞은 뒤가 될 수 없고 뒤는 앞이 될 수 없기에, 그런 까닭으로 행포라 말한 것이다.

疏

二는 圓融門이니 一位가 卽攝 一切位故며 一一位滿에 卽至佛故
니라

두 번째는 원융문이니,
한 지위가 곧 일체 지위를 섭수하는 까닭이며,
낱낱 지위가 원만함에 곧 부처님의 지위에 이르는 까닭이다.

鈔

後는 釋圓融이니 言圓融者는 圓滿融通이라 疏釋有二하니 初는 正釋
이요 二는 引證이라 前中에 自有二義하니 一者는 疏에 云호대 一位가
卽攝一切位故者는 此는 總辯相攝이라 謂四十二位之中에 隨擧一
位하야 卽攝一切니 如初發心住가 卽攝餘九住와 及行向地等이니라
二者는 疏에 云호대 一一位滿에 卽至佛故者는 此는 別明五位互攝이
니 如初住가 攝於初行初迴向初地요 第二住가 攝第二行第二迴向
第二地等이라 第十住滿에 則十行滿十向滿十地滿이니 第十住滿을
稱灌頂位요 第十地滿도 亦稱灌頂成佛故이라 十行에 智度圓하고 十
地에 智度滿하고 海幢比丘의 頂出諸佛說法하니 灌頂住後에 卽明佛
者가 卽其事也니라 前은 唯約理行圓融이요 此는 兼明行證相似니라

뒤에는 원융문을 해석한 것이니,
원융이라고 말한 것은 원만하게 융통한다는 뜻이다.

소문을 해석함에 두 가지가 있나니,
처음에는 바로 해석한 것이요,
두 번째는 인용하여 증거한 것이다.
앞에 바로 해석한 가운데 스스로 두 가지 뜻이 있나니,
첫 번째 소문에 말하기를 "한 지위가 곧 일체 지위를 섭수하는 까닭이다"고 한 것은 이것은 서로 섭수함을 한꺼번에 분별한 것이다. 말하자면 사십이위 가운데 한 지위를 거론함을 따라 곧 일체 지위를 섭수하는 것이니,
마치 초발심주가 곧 나머지 구주九住와 그리고 십행과 십회향과 십지 등을 섭수하는 것과 같다.
두 번째 소문에 말하기를 "낱낱 지위가 원만함에 곧 부처님의 지위에 이르는 까닭이다"고 한 것은 이것은 오위가 서로 섭수함을 따로 밝힌 것이니,
마치 초주가 초행과 초회향과 초지를 섭수하고,
제이주가 제이행과 제이회향과 제이지를 섭수하는 등과 같다.
제십주가 원만함에 곧 십행의 원만함과 십회향의 원만함과 십지의 원만함을 섭수하나니,
제십주가 원만한 것을 관정위라 이름하고,
제십지가 원만한 것도 또한 관정성불灌頂成佛이라 이름하는 까닭이다.
십행에서 지혜바라밀을 원만히 하고,
십지에서 지혜바라밀을 원만히 하고,
해당비구의 머리에서 모든 부처님이 나와 법을 설하니[281]

관정주 뒤에 곧 부처님의 지위를 밝힌 것이 곧 그 사실이다. 앞²⁸²에는 오직 이理와 행行이 원만한 것만 잡아 말한 것이요, 여기²⁸³는 행行과 증證이 서로 같음을 겸하여 밝힌 것이다.

---

281 삼매三昧에 든 해당비구의 머리에서 수없는 백천억 삼매의 몸이 나와 32가지 법우法雨를 내렸다 한다.
282 앞이란, 한 지위가 곧 일체 지위를 섭수하는 까닭이다 한 것이다.
283 여기란, 낱낱 지위가 원만함에 곧 부처님의 지위에 이르는 까닭이다 한 것이다.

疏

初地에 云호대 一地之中에 具攝一切諸地功德하며 信該果海하며 初發心時에 便成正覺等이니라

초지 경문에 말하기를 "일지一地 가운데 일체 모든 십지의 공덕을 갖추어 섭수하며,
믿는 가운데 과보의 바다를 갖추며,
처음 발심할 때 곧 정각을 이룬다" 한 등이다.

鈔

初地云下는 二에 引證也라 文有三節하니 一에 云호대 一地之中에 具攝一切諸地功德者는 此는 約當位之中에 自一攝十也니 以一例諸하야 位位皆然이니라 上은 正引文이라

"초지 경문에 말하였다"고 한 아래는 두 번째 인용하여 증거한 것이다.
소문에 삼절三節이 있나니,
첫 번째 말하기를 "일지一地 가운데 일체 모든 십지의 공덕을 갖추어 섭수한다"고 한 것은 이것은 당위當位[284] 가운데 일지로부터 십지를 섭수함을 잡아 말한 것이니,

---

284 당위란 당지當地이다.

일지로써 모든 십지에 비례하여 지위 지위마다 다 그러한 것이다.
이상은 바로 경문을 인용한 것이다.

二에 云호대 信該果海者는 此는 明五位互攝이니 如賢首品中에 乃至 應受灌頂하야 而昇位等이니라 此는 卽義引爲證이라

두 번째 말하기를 "믿는 가운데 과보의 바다를 갖추고 있다"고 말한 것은 이것은 오위五位가 서로 섭수하는 것을 밝힌 것이니,
마치 현수품 가운데 "내지 응당 관정함을 받아 지위에 오른다" 한 등과 같다.
이것은 곧 뜻으로 인용하여 증거한 것이다.

三에 初發心時에 便成正覺者는 正明以初攝後니 通於二義라 若住滿成佛인댄 卽是當位에 以初攝後요 若究竟成佛인댄 卽異位相望하야 以初攝後니 如四十二字門에 初阿字가 具後荼字也니라 上來에 總有三義하니 一은 擧一하야 總攝五十二位요 二는 擧一位하야 攝五位요 三은 擧初攝後니라 復應有以後攝初와 初後攝中과 中攝初後와 一攝一切와 一切攝一과 一攝一과 一切攝一切니 如理思之니라 上云호대 初發心時에 便成正覺은 卽是正引經文이니 梵行品에 云호대 若諸菩薩이 能與如是觀行相應하야 於諸法中에 不生二解하면 一切佛法이 疾得現前하야 初發心時에 卽得阿耨多羅三藐三菩提하며 知一切法이 卽心自性하며 成就慧身호대 不由他悟라하니 今略引耳니라

세 번째 "처음 발심할 때 곧 정각을 이룬다"고 한 것은 최초로써 최후[285]를 섭수하는 것을 바로 밝힌 것이니,
두 가지 뜻[286]에 통하는 것이다.
만약 십주가 가득 차서 성불한다면 곧 이것은 당위當位에서 최초로써 최후를 섭수하는 것이요,
만약 구경에 성불한다면 곧 다른 지위가 서로 바라보아 최초로써 최후를 섭수하는 것이니,
마치 사십이자문四十二字門[287]에 처음에 아阿 자가 뒤에 다茶 자를 갖추고 있는 것과 같다.
상래에는 모두 세 가지 뜻[288]이 있나니,
첫 번째는 일위一位를 들어 오십이위五十二位를 모두 섭수하는 것이요,
두 번째는 일위를 들어 오위五位를 섭수하는 것이요,
세 번째는 최초를 들어 최후를 섭수하는 것이나.
다시 응당 최후로써 최초를 섭수하는 것과, 최초와 최후가 중간을 섭수하는 것과, 중간이 최초와 최후를 섭수하는 것과, 하나가 일체를 섭수하는 것과, 일체가 하나를 섭수하는 것과, 하나가 하나를 섭수하

---

285 최초란 처음 발심할 때이고, 최후란 구경의 성불할 때이다.
286 두 가지 뜻이란 제일절과 제이절이다.
287 사십이자문이란 중예동자가 선재동자에게 가르쳐 준 법문이니, 사십이위에 비유한 것이다. 중예동자는 마흔네 번째 선지식이다. 이 사십이자문은 『비로자나성불경』 7권과 『비로자나성불가지경소』 14권에도 있다.
288 세 가지 뜻이란 삼절이다.

는 것과, 일체가 일체를 섭수하는 것이 있어야 할 것이니,
이치와 같이 생각할 것이다.

위에서 말하기를 "처음 발심할 때 곧 정각을 이룬다"고 한 것은 곧 이것은 경문을 바로 인용한 것이니,

범행품에 말하기를 "만약 모든 보살이 능히 이와 같은 관행觀行으로 더불어 상응하여 모든 법 가운데 두 가지 지혜를 내지 않는다면, 일체 불법이 빨리 앞에 나타남을 얻어 처음 발심할 때 곧 아뇩다라삼먁삼보리를 얻으며,

일체법이 곧 마음의 자성인 줄 알며,

지혜의 몸을 성취하되 다른 사람의 깨달음을 인유하지 않는다" 하였으니,

지금 간략하게 인용하였을 뿐이다.

疏

然이나 此二無礙하니 以行布는 是敎相施設이요 圓融은 是理性德用이라

그러나 이 두 가지가 걸림이 없나니,
행포문行布門은 이 교와 모습(敎相)을[289] 시설한 것이요,
원융문圓融門은 이 진리와 자성(理性)의 공덕과 작용이다.

鈔

然이나 此二無礙下는 二에 會融也라 於中에 二니 初는 辯定其相이요 二는 正明會融이라 前中에 有二對하니 行布圓融에 以敎對理하고 以相對性이라 下正圓融이니 但融相性이니라 初對는 謂約能詮敎道인댄 則行布不同이요 約所詮之理인댄 則圓融無礙니라 第二對는 就所詮中하야 約相則深淺不同이요 約性則融通無二니라 言德用者는 卽德相業用也라

"그러나 이 두 가지가 걸림이 없다"고 한 아래는 두 번째 회통하여 융합한 것이다.
그 가운데 두 가지가 있나니,
처음에는 그 모습을 분별하여 결정하는 것이요,

---

289 교와 모습 운운은 교의 모습, 진리의 모습이라 해석해도 무방하다.

두 번째는 회통하여 융합함을 바로 밝힌 것이다.
앞에 모습을 결정하는 가운데 두 가지 상대가 있나니,
행포와 원융문에 교로써 진리(理)를 상대하고,
모습(相)으로써 자성(性)을 상대하는 것이다.
이 아래는 바로 원융이니
다만 자성과 모습만 융합한 것이다.
처음에 상대는 말하자면 능전의 교도教道를 잡는다면 곧 행포로써 같지 않은 것이요,
소전의 진리를 잡는다면 곧 원융으로써 걸림이 없는 것이다.
제 두 번째 상대는 소전 가운데 나아가 모습을 잡는다면 곧 깊고 얕은 것이 같지 않은 것이요,
자성을 잡는다면 곧 융통하여 둘이 없는 것이다.
공덕과 작용이라고 말한 것은 곧 공덕의 모습과 업의 작용이다.

疏

相是卽性之相故로 行布가 不礙圓融이요 性是卽相之性故로 圓融이 不礙行布며 圓融이 不礙行布故로 一爲無量이요 行布가 不礙圓融故로 無量爲一이며 無量爲一故로 融通隱隱이요 一爲無量故로 涉入重重이니라

모습은 이 자성에 즉한 모습인 까닭으로 행포가 원융에 걸리지 않는 것이요,
자성은 이 모습에 즉한 자성인 까닭으로 원융이 행포에 걸리지 않는 것이며,
원융이 행포에 걸리지 않는 까닭으로 하나가 한량없는 것[290]이 되는 것이요,
행포가 원융에 걸리지 않는 까닭으로 한량없는 것이 하나가 되는 것이며,
한량없는 것이 하나가 되는 까닭으로 융통한 것이 은은隱隱함이 되는 것이요,
하나가 한량없는 것이 되는 까닭으로 간섭하여 들어가는 것이 중중重重함이 되는 것이다.

---

290 하나란 자성自性이요, 한량없는 것이란 모습(相)이다.

鈔

相是卽性之相故下는 二에 正明融會이라 文有三番하니 第一番은 直明無礙라 第二番은 更互相成이니 謂無量은 本是約相行布요 圓融은 本是一理平等이니 今圓融이 旣不礙行布일새 故成無量之德이니라 下句는 反此니 可知라 第三番에 從無量爲一故로 融通隱隱下는 明相成而不失本相이라 無量爲一故로 融通而不失本相이니 故로 隱隱然似有요 一爲無量故로 重重不失一相이니 故能涉入이니라

"모습은 이 자성에 즉한 모습인 까닭"이라고 한 아래는 두 번째 회통하여 융합함을 바로 밝힌 것이다.
소문에 삼번三番이 있나니,
제일번은 걸림이 없음을 바로 밝힌 것이다.
제이번은 다시 서로 서로 성립하는 것이니,
말하자면 한량이 없다고 한 것은 본시 모습(相)의 행포를 잡은 것이요,
원융이라고 한 것은 본시 하나의 진리로 평등한 것이니,
지금에 원융이 이미 행포에 걸리지 않기에 그런 까닭으로 한량없는 공덕을 이루는 것이다.
아래 구절[291]은 이와 반대이니
가히 알 수 있을 것이다.

---

291 아래 구절이란, 행포가 원융에 걸이지 않는 까닭으로 한량없는 것이 하나가 된다 한 것이다.

제삼번에 "한량없는 것이 하나가 되는 까닭으로 융통한 것이 은은함이 된다"고 한 것으로 좇아 아래는 모습이 성립하지만 그러나 본래의 모습을 잃지 아니함을 밝힌 것이다.

한량없는 것이 하나가 되는 까닭으로 융통하지만 그러나 본래의 모습을 잃지 않나니,

그런 까닭으로 은은하게 그렇게 있는 것 같은 것이요,

하나가 한량없는 것이 되는 까닭으로 중중하지만 하나의 모습을 잃지 않나니,

그런 까닭으로 능히 간섭하여 들어가는 것이다.

疏

故로 世親이 以六相圓融하니 上下之文에 非一이니라

그런 까닭으로 세친보살이 육상六相으로써 원융292케 하니,

---

292 세친보살이 육상六相으로써 원융케 함이란, 세친(바수반두를 번역하면 세친, 천친이다)이 지은 『십지경론』 제삼권 환희지에 있다. 『십지경』에 말하기를, 또 큰 서원을 일으키되 말하자면 일체 보살의 소행이 넓고·크고·한량이 없고 잡되지 않아 모든 바라밀의 섭수하는 바가 되며, 모든 지위의 청정히 하는 바로 모든 조도법을 생기하나니, 총상·별상·동상·이상·성상·괴상이며, 일체 보살의 소행은 여실지地의 도와 그리고 모든 바라밀 방편의 업을 설한다 운운하니, 『십지론』에 말하기를, 보살의 소행이 네 가지가 있나니 一은 가지가지이고, 二는 자체이고, 三은 업이고, 四는 방편이다.

一에 가지가지라고 한 것은, 세간의 행이 세 가지가 있나니 넓다고 한 것은 초지로부터 육지까지이고, 크다고 한 것은 제칠지이고, 한량이 없다고 한 것은 팔지로부터 십지까지이다 운운하였다. 二에 자체라고 한 것은, 『십지경』에 모든 바라밀의 섭수하는 바가 된다고 한 것과 같고, 三에 업이라고 한 것은, 『십지경』에 모든 지위의 청정히 하는 바로 모든 조도법을 생기한다고 한 것과 같고, 四에 방편이라고 한 것은, 『십지경』에 총상·별상·동상·이상·성상·괴상이며, 일체 보살의 소행은 여실지의 도와 그리고 모든 바라밀 방편의 업을 설하는 까닭이다 하였다. 자세한 것은 십지十地의 초지 환희지에 그 육상을 잘 말하였으니 살펴볼 것이다. 육상이란,

첫 번째 일반적 육상은

　총상 - 한 집과 같다.

　별상 - 서까래 등이 각각 다르다.

　동상 - 다른 서까래 등이 다 한 집을 짓는다.

　이상 - 그 서까래 등이 자상自相의 유형을 따라 각각 다르다.

성상 – 이 모든 인연을 인유하여 합쳐져야 집이 이루어짐을 얻는다.
괴상 – 각각 자기 법에 맡겨 본래로 지은 적이 없는 것이다.

두 번째 보조국사 원돈성불론 육상이니 다섯 가지가 있다.

첫 번째 인신人身육상은

총상 – 머리, 몸, 안이비설신 등이 온전히 한몸이다.
별상 – 머리, 몸, 안이비설신 등이 그 작용이 각각 다르다.
동상 – 머리, 몸, 안이비설신 등이 한결같이 공하여 자체가 없어 한몸이다.
이상 – 머리, 몸, 안이비설신 등이 다른 자성이 없음을 폐지하지 않고 각각 다른 것이다.
성상 – 머리, 몸, 안이비설신 등이 함께 한몸을 이루는 것이다.
괴상 – 머리, 몸, 안이비설신 등이 다만 조작이 없는 인연을 따라 있어서 각각 자성이 없고 자체와 모습, 생과 멸이 없는 것이다.

두 번째 중생육상은

총상 – 일체중생이다.
별상 – 지혜로운 중생, 어리서은 중생이 다름을 구분한다.
동상 – 일체중생이 다 같이 부처님의 지혜가 있다.
이상 – 일체중생이 관습을 따라 업과가 다르다.
성상 – 일체중생이 소작업을 인하여 과보를 받아 태어남을 얻는다.
괴상 – 일체중생이 마음에 의지하는 바가 없어서 업의 자체가 자성이 없는 것이다.

세 번째 제불諸佛육상은

총상 – 시방보신불이다.
별상 – 수많은 보배로 장엄한 바 부처님의 몸과 국토가 다르다.
동상 – 동일한 법신으로 이지理智가 둘이 없다.
이상 – 부처님의 지혜가 행을 따라 다르다.
성상 – 부처님은 중생을 성취케 한다.
괴상 – 부처님은 능·소가 다 공하여 얻을 것도 증득할 것도 없다.

상하의 문장에 현시한 것이 하나가 아니다.

鈔

故로 世親下는 第三에 引證이라 此는 引論證이니 卽總同成別異壞라 由此故로 得擧一全收니 至下廣明호리라 次云호대 上下之文에 非一者는 雙引經疏니 若望經則唯是下文이어니와 若望疏文인댄 通指一經上下耳니라

"그런 까닭으로 세친보살"이라고 한 아래는 제 세 번째 인용하여 증거한 것이다.

네 번째 인유因由육상은
    총상 - 한 지혜로써 오위五位를 다 갖추고 있다.
    별상 - 행과 지혜(解)가 달리 승진하는 것이다.
    동상 - 부처님의 근본지와 같은 것이다.
    이상 - 차별한 지혜를 닦는 것이다.
    성상 - 대보리를 닦아 보현행을 구족하는 것이다.
    괴상 - 지혜의 자체는 의지함이 없이 작용하지만 조작이 없다.
다섯 번째 과위果位육상은
    총상 - 지혜와 보현행이 일찰나에 있다.
    별상 - 삼세의 오랜 겁이 차별하다.
    동상 - 망정이 없어지고 소견이 다하여 장단의 시간이 없다.
    이상 - 그러나 업을 따라 장단의 시간이 있다.
    성상 - 근기에 응하여 법을 준다
    괴상 - 그러나 지혜는 의지하여 머무는 바가 없다.

이것은 『십지론』293을 인용하여 증거한 것이니,

곧 총상과 동상과 성상과 별상과 이상과 괴상이다.

이 육상을 인유한 까닭으로 하나를 거론함에 전체를 거둠을 얻나니, 아래294에 이르러 널리 밝히겠다.

다음에 말하기를 "상하의 문장에 현시한 것이 하나가 아니다"고 한 것은 경문과 소문을 함께 인용한 것이니,

만약 경문을 바라본다면 곧 오직 이 아래 경문뿐이거니와, 만약 소문을 바라본다면 한 경의 상하를 모두 가리키는 것이다.

---

293 원문에 논論이란 『십지론』 환희지 제삼권이다.
294 아래란 십지품과 각 지지地의 소문과 그리고 아래 곳곳 소문을 말한다.

疏

七에 說勝行者는 欲登妙位인댄 非行不階니 故로 君子는 不患無位요 患己不효이니라

일곱 번째 "수승한 행을 설한다"고 한 것은 묘각의 지위에 오르고자 한다면 행이 아니면 오를 수 없나니,
그런 까닭으로 군자는[295] 지위가 없음을 근심하지 않고, 자기가 이루지 못한 것을 근심하는 것이다.

鈔

七에 說勝行者는 疏文에 亦二니 先은 明大意요 後는 開章解釋이라 前中에 初二句는 依內敎正釋이요 後二句는 引外事證成이니 見論語하니라 彼下文에 云호대 不患莫己知요 求爲可知也라하야늘 包氏注에 曰求善道而學行之하면 則人知己라하니 今引證此求爲可知와 及所能立이 皆是行이니라 上兩句는 行成得位요 下兩句는 行成得名이니 今爲證位일새 故但引前耳니라

---

295 군자 운운은 『논어』 제사권 이인장里仁章이니, 군자는 지위가 없는 것을 근심하지 않고 자기가 이루지 못한 것을 근심하며, 자기가 알려지지 못한 것을 근심하지 말고 가히 알게 되기를 구해야 한다 하였다.
단 『논어』에는 환기불립患己不立을 환소이립患所以立이라 하여 이룰 바를 근심한다는 뜻으로 되어 있다는 것이 다르다.

일곱 번째 "수승한 행을 설한다"고 한 것은 소문에 또한 두 가지가 있나니,

먼저는 큰 뜻을 밝힌 것이요,

뒤에는 문장을 열어 해석한 것이다.

앞의 큰 뜻 가운데 처음에 두 구절은 불교(內敎)를 의지하여 바로 해석한 것이요,

뒤에 두 구절은 외교外敎[296]의 사실을 인용하고 증거하여 성립한 것이니, 『논어』에 나타나 있다.

저 『논어』 아래 문장[297]에 말하기를 "자기가 알려지지 못한 것을 근심하지 말고 가히 알게 되기를 구해야 한다" 하였거늘,

포씨包氏의 주注에 말하기를 "선도善道를 구하여 배우고 수행한다면 곧 사람들이 자기를 알아줄 것이다" 하였으니,

지금 여기서는 가히 알게 되기를 구하는 것과 그리고 능히 이룰 바를 구하는 것이 다 이 수행임을 인용하고 승거한 것이다.

위에 두 구절[298]은 행이 이루어지면 지위를 얻는 것이요,

아래 두 구절[299]은 행이 이루어지면 이름을 얻는 것이니,

지금은 지위를 증거하기에 그런 까닭으로 다만 앞에 두 구절만 인용하였을 뿐이다.

---

296 외교는 『논어』이다.
297 저 아래 문장이란, 저 『논어』의 문장이니 여기에 인용한 바로 아래 문장이다.
298 위에 두 구절이란, 묘각의 지위에 오르고자 한다면 운운한 것이다.
299 아래 두 구절이란, 군자는 운운한 것이다.

疏

行亦二種이니 一은 頓成諸行이니 一行이 一切行이라

수승한 행도 또한 두 가지[300]가 있나니,
첫 번째는 모든 행을 한꺼번에 이루는 것이니
한 행이 일체 행이다.

鈔

行亦二種下는 開章釋也니 先釋이요 後融이라 前中엔 明頓成中에 先은 正明이라

"수승한 행도 또한 두 가지가 있다"고 한 아래는 문장을 열어 해석한 것이니,
먼저는 해석한 것이요,
뒤에는 융합한 것이다.
앞의 해석한 가운데 모든 행을 한꺼번에 밝힌 가운데 먼저는 바로 해석한 것이다.

---

300 두 가지란, 앞의 제 여섯 번째 지위를 밝힘에 두 가지가 있나니 행포와 원융이라 하였다. 여기 첫 번째 모든 행을 한꺼번에 이룬다고 한 것은 원융문이다.

疏

故로 十住品에 云호대 一卽是多요 多卽一等이라하며 普賢行品에 說一斷에 一切斷等故니라

그런 까닭으로 십주품에 말하기를 "하나가 곧 많은 것이요, 많은 것이 곧 하나다" 한 등이라 하였으며,
보현행품에 말하기를 "하나를 끊음에 일체를 끊는다 한 등이라" 한 까닭이다.

鈔

故로 十住下는 後에 引證이니 言一斷一切斷等者는 等取一障一切障이요 一修一切修요 一證一切證이라 故로 普賢行品에 初說十句하고 若成此十이면 則頓成五十二種勝行어니와 一念瞋心起면 百萬障門生이라하니라 故로 偈中에 云호대 不可說諸劫이 卽是須臾頃이니 莫見修與短하라 究竟刹那法이라하니 皆以圓融故니라 妙嚴品에 云호대 一法門中無量門을 無量千劫如是說하니 所演法門廣大義를 普運光天之所了라하니라

"그런 까닭으로 십주품에 말하였다"고 한 아래는 뒤에 인용하여 증거한 것이니,
"하나를 끊음에 일체를 끊는다 한 등이라"고 말한 것은 하나의 장애가 일체 장애요,

하나의 수행이 일체 수행이요,

하나의 증득이 일체 증득임을 등취한 것이다.

그런 까닭으로 보현행품에 "처음 열 구절[301]을 설하고 만약 이 열 구절을 이루면 곧 오십 가지 수승한 행을 한꺼번에 이루거니와, 한 생각이라도 진심을 일으킨다면 백만 가지 장애문이 생긴다" 하였다.

그런 까닭으로 보현행품[302]의 게송에 말하기를

"가히 말할 수 없는 겁이

곧 잠깐이니,

길고 더불어 짧은 것을 보지 마라.

구경이 찰나의 법이라" 하였으니,

다 원융으로써 말한 까닭이다.

세주묘엄품[303]에 말하기를

"한 법문 가운데 한량없는 법문을

한량없는 천겁토록 이와 같이 연설하시니,

---

301 열 구절이란, 일단일체단·일장일체장·일수일체수·일증일체증 등이니 『회현기』, p.482를 참고하라. 보현행원품엔 이 열 구절은 보이지 않고 '한 생각이라도' 이하는 있다. 단 "불자야, 만약 보살이 다른 보살에게 진심을 일으킨다면 곧 백만 가지 장애문을 성취하는 까닭이다. 어떤 것이 백만 장애문인가. 소위 보리를 보지 못하게 하는 장애 운운"하여 95장애가 있다. 교림출판사, 화엄경 제3권, p.501, 11행에 있다.

302 보현행품이란 보현행품 보현보살 게송이니, 교림출판사, 화엄경 제3권, p.520, 6행에 있다.

303 세주묘엄품 게송이다.

연설하신 바 법문의 광대한 뜻을
보운광천자만이 아는 바라" 하였다.

疏

二는 遍成諸行이니 此卽行布니 謂自大菩提心體相功德으로 乃至等覺中行이니라

두 번째는 모든 행을 두루 이루는 것이니,
이것은 곧 행포문이니,
말하자면 대보리심의 자체와 모습과 공덕으로부터 내지 등각 가운데 모든 행이다.

鈔

二에 遍成諸行下는 釋行布라 從始迄終일새 故云乃至라하니 則五位所行이 皆此攝也니라 菩提心은 爲始요 體는 卽三心이니 謂一은 直心이니 正念眞如法故요 二는 深心이니 樂修一切諸善行故요 三은 大悲心이니 救護一切苦衆生故니라 七十八經에 云호대 菩提心燈은 大悲爲油하고 大願爲炷하고 光照法界라하니 光은 卽直心이요 炷는 卽深心이요 油는 卽大悲心이라 多以三心으로 爲體하니 上求下化와 照理起行이 不出此故니라 言相者는 卽無相爲相과 同法界相과 無分量相과 無齊限相也라

두 번째 "모든 행을 두루 이루는 것"이라고 한 아래는 행포문을 해석한 것이다.
처음으로 좇아 마침에 이르기에 그런 까닭으로 내지라 말한 것이니,

곧 오위五位에서 행하는 바가 다 여기에 섭속하는 것이다.

보리심이라고 한 것은 처음이 되는 것이요,

자체라고 한 것은 곧 세 가지 마음이 되는 것이니,

말하자면 첫 번째는 곧은 마음(直心)이니

진여의 법을 바로 생각하는 까닭이요,

두 번째는 깊은 마음(深心)이니

일체 모든 선행을 즐겁게 닦는 까닭이요,

세 번째는 대비의 마음(大悲心)이니

일체 고통받는 중생을 구호하는 까닭이다.

칠십팔경[304]에 말하기를 "보리심의 등燈은 대비로 기름을 삼고 대원으로 심지를 삼고 광명으로 법계를 비춘다" 하였으니,

광명은 곧 곧은 마음이요,

심지는 곧 깊은 마음이요,

기름은 곧 대비의 마음이다.

다분히 이 세 가지 마음으로써 자체를 삼는 것이니,

위로 보리를 구하고 아래로 중생을 교화하는 것과 진리를 비추고

---

304 칠십팔경은 입법계품이다. 구체적으로 말하면, 비유하자면 등불의 심지가 그 크고 작음을 따라 광명을 일으키나니 만약 기름을 더하면 광명이 끝내 끊어지지 않는 것과 같아서, 보살마하살菩薩摩訶薩의 보리심의 등불(菩提心燈)도 또한 다시 이와 같아서(亦復如是) 대원으로 심지를 삼고(大願爲炷) 광명으로 법계를 비추나니(光照法界) 대비의 기름을 더하면(益大悲油) 중생을 교화하여(敎化衆生) 국토를 장엄하며(莊嚴國土) 불사를 시작하여(施作佛事) 쉼이 없는 것이다(無有休息) 하였다. 교림출판사, 화엄 5책, p.461, 8행 이하 네 줄이다.

행을 일으키는 것이 이 세 가지 마음을 벗어나지 않는 까닭이다. 모습이라고 말한 것은 곧 모습이 없는 것으로 모습을 삼는 것과 법계와 같은 모습과 분량이 없는 모습과 제한齊限이 없는 모습이다.

言功德者는 無德不收라 故로 發心品에 十種大喩와 百門校量도 亦不及少分이라하며 七十八一卷도 廣以喩歎이나 亦不能盡이라하며 賢首品에 云호대 若有菩薩初發心하야 誓求當證佛菩提하면 彼諸功德無邊際하나니 不可稱量無與等이라하며 發心品에 云호대 發心功德不可量이니 衆智共說無能盡이라하며 又云호대 菩薩發心功德量은 億劫稱揚不可盡이니 以出一切諸如來와 獨覺聲聞安樂故等이라하니 皆發心功德也니라 又云호대 欲見十方一切佛하며 欲施無量功德藏하며 欲滅衆生諸苦惱인댄 宜應速發菩提心이라하니 此上三事가 皆是菩提心으로 爲萬行之本일새 故首明之니 卽此發心을 便名爲行이니라

공덕이라고 말한 것은 공덕마다 거두지 아니함이 없는 것이다. 그런 까닭으로 초발심공덕품에 "열 가지 큰 비유[305]와 백문百門[306]으로

---

[305] 열 가지 큰 비유란, 1은 중생을 이락케 하는 비유, 2는 빨리 세계를 걷는 비유, 3은 겁의 성괴成壞를 아는 비유, 4는 수승한 지혜를 잘 아는 비유, 5는 제근諸根을 잘 아는 비유, 6은 욕락을 잘 아는 비유, 7은 방편을 잘 아는 비유, 8은 다른 사람의 마음을 잘 아는 비유, 9는 업의 모습을 잘 아는 비유, 10은 번뇌를 잘 아는 비유, 11은 부처님과 그리고 중생에게 공양하는 비유이다.

헤아려도 또한 소분도 미치지 못한다" 하였으며,

칠십팔권[307]의 한 권에도 "널리 비유로써 찬탄하였으나 또한 능히 다할 수 없다" 하였으며,

현수품[308]에도 말하기를

"만약 어떤 보살이 처음 발심하여

맹세코 마땅히 부처님의 보리를 증득하기를 구한다면

저 모든 공덕은 끝이 없나니

가히 이름할 수도, 측량할 수도, 더불어 같을 수도 없다" 하였으며,

발심공덕품[309]에도 말하기를

청량스님은 열한 가지 비유로 보고, 『합론』은 열세 가지 비유로 보았다. 『합론』 13책, p.162에 있다.

306 백문이란, 열 가지 비유에 각각 열 가지 문門이 있으니 백문이다. 본래 일한 가지 비유에 백열 가지 문이지만 대수(즛수)를 잡아 말하여 열 가지 비유에 백문이라 한 것이다. 그러나 그 전체의 뜻은 의역으로 이끌어 왔으니, 갖추어 말하면 법혜보살이 말하기를 "불자야, 이 사람의 공덕을 보살의 초발심 공덕에 비교한다면 백분에 일도 미치지 못하며 천분에 일도 운운"하였다.

307 칠십팔경은 입법계품이다.

308 현수품은 게송이다.

309 발심공덕품이란, 이 아래 두 번의 우운又云과 더불어 발심공덕품에 법혜보살의 게송이다. 그러나 원문에 발심공덕불가지發心功德不可知, 중지공설무능진衆智共說無能盡이라 한 것은 80본 화엄으로 보면 뜻으로 인용한 것이다. 즉 일념능과진수찰一念能過塵數刹, 여시경어무량겁如是經於無量劫, 차제찰수상가량此諸刹數尙可量, 발심공덕불가지發心功德不可知라 하였으니, 앞에 삼구는 중지공설무능진에 해당하고 뒤에 일구는 발심공덕불가지에 해당한다

"발심한 공덕은 가히 측량할 수 없나니,
수많은 보살의 지혜로 함께 설하여도 능히 다 설할 수 없다" 하였으며,
또 발심공덕품에 말하기를
"보살이 발심한 공덕의 양은
억겁에 칭양하여도 가히 다 말할 수 없나니,
일체 모든 여래와
독각과 성문의 안락을 출생하는 까닭이라" 한 등이라 하였으니,
다 발심한 공덕이다.
또 발심공덕품에 말하기를[310]
"시방의 일체 부처님을 친견하고자 하며,
끝없는 공덕의 창고를 베풀고자 하며,
중생의 모든 고뇌를 제멸하고자 한다면
마땅히 응당 보리의 마음을 빨리 일으켜야 한다" 하였으니,
이 위에 세 가지 일[311]이 다 이 보리의 마음으로 만행의 근본을 삼기에 그런 까닭으로 처음에 그 보리의 마음을 밝힌 것이니[312], 곧 이 발심을 행이라 이름하는 것이다.

하겠다. 아래 우운又云이라 한 게송은 정확하게 있다.
[310] 원문에 又云欲見 운운은 발심공덕품의 마지막 법혜보살 게송이다.
[311] 이 위에 세 가지 일이란 발심공덕품의 세 가지 사실이다. 혹은 소문에 대보리심의 자체와 모습과 공덕이라 하기도 한다.
[312] 원문에 수명首明이란, 오위五位 가운데 초발심을 첫머리에 밝혔다는 것이다.

疏

此二無礙는 例如位說하니라

이 두 가지 행[313]이 걸림이 없는 것은 그 예가 지위를 밝힌 가운데 설한 것과 같다.[314]

鈔

此二無礙下는 第二에 融通이니 可知라

"이 두 가지 행이 걸림이 없다"고 한 아래는 제 두 번째 회통하여 융합한 것이니,
가히 알 수 있을 것이다.

---

313 이 두 가지 행이란, 모든 행을 한꺼번에 이루는 것과 모든 행을 두루 이루는 것이다.

314 그 예가 지위를 밝힌 가운데 설한 것과 같다고 한 것은, 앞에 『현담』 2권, p.84, 10행에 육위六位의 설명과 제 여섯 번째 지위를 밝힌 가운데 설한 것을 말한다.

疏

八에 示眞法者는 欲成行位인댄 須解法理니 不體理事면 行亦非眞이라 故로 兜率偈에 云호대 不了法眞實일새 故諸佛興世라하니라 此亦二種이니 一은 顯事理無礙法이요 二는 顯事事無礙法이니 並如義分齊說하니라

여덟 번째 "진실한 법을 시현하는 까닭"이라고 한 것은 행과 지위[315]를 이루고자 한다면 반드시 사법과 진리를 알아야 하나니,
진리와 사법을 체달하지 못한다면 행도 또한 진실하지 못할 것이다.
그런 까닭으로 도솔천궁게찬품에 말하기를 "법이 진실한 줄 알지 못하기에 그런 까닭으로 모든 부처님이 세상에 출흥하신다" 하였다.
여기에 또한 두 가지가 있나니,
첫 번째는 사실과 진리가 걸림이 없는 법을 나타내는 것이요,
두 번째는 사실과 사실이 걸림이 없는 법을 나타내는 것이니,
아울러 의리분제에 설한 것과 같다.

鈔

八에 示眞法下는 文亦有二니 先은 總明이요 此亦二種下는 別釋이라 文含多義나 不異分齊中이어니와 敎因總該일새 故此略擧요 義深理要일새 故로 別爲一門하니라

---

315 행과 지위란, 행은 일곱 번째 수승한 행이고, 지위는 여섯 번째 지위이다.

여덟 번째 "진실한 법을 시현하는 까닭"이라고 한 아래는 소문에 또한 두 가지[316]가 있나니,

먼저는 한꺼번에 밝힌 것이요,

"여기에 또한 두 가지가 있다"고 한 아래는 따로 해석한 것이다. 소문에 수많은 뜻을 포함하고 있지만 의리분제 가운데 설한 것과 다르지 않거니와, 교가 생기한 원인[317]을 모두 갖추고 있기에 그런 까닭으로 여기[318]에 간략하게 거론한 것이요,

뜻이 깊고 진리가 요긴하기에 그런 까닭으로 따로 한 문(一門)[319]을 만든 것이다.

---

316 원문에 이二란 문역유이文亦有二라야 좋기에 고쳤다. 바로 아래 제구九에선 문역이文亦二라 했다.
317 교가 생기한 인연(敎因)이란, 십문 가운데 첫 번째 교기인연 가운데 십인十因이다. 44책, p.180에 있다.
318 여기란, 여덟 번째 진실한 법을 시현한다 한 것이다.
319 한 문(一門)이란, 제 세 번째 의리분제이다.

疏

九에 開因性者는 謂上因果理事가 皆由衆生性有니 若性非金玉이면 雖琢이나 不成寶器니라

아홉 번째 "원인의 자성[320]을 연다"고 한 것은 말하자면 위에 인과와 이사理事가 다 중생의 자성을 인유하여 있나니,
만약 자성이 황금 옥이 아니라고 한다면 비록 다듬을지라도 보배 그릇을 이룰 수 없는 것과 같다.

鈔

九에 開因性者는 文亦二니 先總이요 後別이라 總中에 先은 躡前起後라

아홉 번째 "원인의 자성을 연다"고 한 것은 소문에 또한 두 가지가 있나니,
먼저는 한꺼번에 해석한 것이요,
뒤에는 따로 해석한 것이다.
한꺼번에 해석한 가운데 먼저는 앞에 말을 밟아 뒤에 말을 생기하는 것이다.

---

320 원문에 인성因性이란 인불성因佛性이니, 곧 본불성本佛性이다.

疏

良以衆生이 包性德而爲體하며 依智海以爲源이나 但相變體殊요 情生智隔이라 今令知心合體하며 達本情亡일새 故談斯經하야 以爲顯示니라

진실로 중생이 자성의 공덕을 포함하여³²¹ 자체를 삼으며,
지혜의 바다를 의지하여 근원을 삼지만 다만 모습이 변함³²²에 자체가 다르고,
망정³²³이 생김에 지혜가 막힐 뿐이다.
지금에는 하여금 마음을 알아 자체에 계합하며,
본체를 요달하여 망정을 잃게 하기에 그런 까닭으로 이 『화엄경』을 말씀하여 현시한 것이다.

---

321 중생이 자성의 공덕을 포함하였다고 한 것은, "신기하다 중생이여, 모두 다 여래의 지혜 덕상을 두루 갖추고 있다" 한 것이다.
322 다만 모습이 변한다고 한 것은, 다만 망상 집착으로 능히 얻지 못할 뿐이다 한 것이다. 상相 자는 혹본엔 상想 자이다.
323 정情이란 칠정七情이니 희喜·노怒·애哀·락樂·애愛·오惡·욕欲이다.
우리의 마음을 성性과 정情으로 나누는데, 성이란 순수한 심성으로 밝은 덕(明德)이고, 정이란 더러운 심성으로 탁한 기질이다.
맹자는 이것을 사단과 칠정으로 나누었다. 칠정은 이미 말하였고, 사단은 이렇다.
측은한 마음은 인仁의 단서가 되고, 부끄러운 마음은 의義의 단서가 되고, 사양하는 마음은 예禮의 단서가 되고, 시비하는 마음은 지智의 단서가 된다.

鈔

後에 良以下는 總相解釋이라 於中에 有三하니 初는 明因義니 本有恒沙性德과 本覺佛智하야 無二體故로 以此爲因이니라

뒤에 "진실로"라고 한 아래는 총상으로 해석한 것이다.
그 가운데 세 가지가 있나니,
처음은 원인의 뜻을 밝힌 것이니,
본래 항하사와 같은 자성의 공덕과 본래 깨달은 부처님의 지혜가 있어서, 두 가지 자체가 없는 까닭으로 이것으로써 원인[324]을 삼는 것이다.

二에 但相變下는 覆彼因義니 是須開示니라 所以相變體殊者는 迷眞如以成名相故요 情生智隔者는 失正智而成妄想故니라 上對는 約境이요 下對는 約心이니 五法이 具矣로다

두 번째 "다만 모습이 변한다"고[325] 한 아래는 저 원인의 뜻을 덮는 것이니,
이것은 반드시 열어 현시해야 한다.
모습이 변함에 자체가 다르다고 한 까닭은 진여를 미하여 이름과 모습을 이루는 까닭이요,

---

324 원인이란 교기敎起의 원인이다.
325 다만 모습이 변한다고 운운한 것은 능가경의 말이다.

망정이 생김에 지혜가 막힌다고 한 것은 바른 지혜를 잃고 망상을
이루는 까닭이다.
위에 상대는 경계를 잡은 것이요,
아래 상대[326]는 마음을 잡은 것이니,
다섯 가지 법[327]이 갖추어졌다.

三에 今令下는 正明開義니 知心空寂하면 則名相泯하야 而眞體合이
요 達本無住하면 則妄想亡하야 而正智生이니라 眞本은 不可以功成
이니 要亡功而本就요 深源은 不可以行得이니 必行盡而源成이라 若
寂照雙流하면 則因性이 開矣리니 性卽知見이니 知見性相이 並皆顯
現이리라 故談已下는 結成開義라

세 번째 "지금에는 하여금"이라고 한 아래는 열어 현시하는 뜻을
바로 밝힌 것이니,
마음이 공하여 고요한 줄 알면 곧 이름과 모습이 없어져 진여의
자체에 계합할 것이요,
본체가 머무름이 없는 줄 요달하면 곧 망상이 없어져 바른 지혜가
생길 것이다.

---

326 위에 상대란, 다만 모습이 변함에 자체가 다르다 한 것이고, 아래 상대란,
    망정이 생김에 지혜가 막힌다 한 것이다.
327 다섯 가지 법이란, 진여·명名·상相·정지正智·망상妄想이다. 즉 모습이 변한
    다 한 것에 진여와 이름(名)과 모습(相)이 있고, 망정이 생긴다 한 것에
    바른 지혜(正智)와 망상이 있다.

진여의 본체는 가히 공으로써 이룰 수 있는 것이 아니니,
반드시 공이 없어져야 본체를 이룰 것이요,
깊은 근원은 가히 행으로써 얻을 수 있는 것이 아니니,
반드시 행이 다하여야 근원을 이룰 것이다.
만약 고요한 것(寂)과 비추는 것(照)이 함께 유출한다면 곧 원인의 자성이 열릴 것이니,
원인의 자성은 곧 부처님의 지견知見이니,
지견의 자성과 모습이 아울러 다 나타날 것이다.
"그런 까닭으로 말씀하였다"고 한 이하는 열어 현시하는 뜻을 맺어 성립한 것이다.

疏

亦有二種하니 一以言顯示하야 令其知有요 二는 使其修行하야 悟入顯現이니라

현시함에 또한 두 가지가 있나니
첫 번째는 말로써 현시하여 그 중생으로 하여금 불성이 있는 줄 알게 하는 것이요,
두 번째는 그 중생으로 하여금 수행하여 깨달아 들어가 나타나게 하는 것이다.

鈔

亦有二下는 別釋이라 以言顯示하야 令其知有者는 唯明示義니 如示貧女宅中寶藏하야 末見末證이요 使其修行은 義通開示요 个知令知는 名之爲悟요 未證能證은 稱之爲入이라 顯現之言은 對於開義니라

"현시함에 또한 두 가지가 있다"고 한 아래는 따로 해석한 것이다.
"말로써 현시하여 그 중생으로 하여금 불성이 있는 줄 알게 한다"고 한 것은 오직 현시하는 뜻만 밝힌 것이니,
마치 가난한 여인의 집 가운데 보배의 창고를 현시하는 것과 같아서 아직 보지도 못하고 증득하지도 못한 것이다.
두 번째 "그 중생으로 하여금 수행케 한다"고 한 것은 뜻이 열어 보임(開示)에 통하는 것이요,

알지 못한 것을 하여금 알게 하는 것은 깨달음(悟)이라 이름하는 것이요,

증득하지 못한 것을 증득케 하는 것은 들어가는 것(入)이라 이름하는 것이다.

나타나게 한다고 말한 것은 연다는(開) 뜻을 상대하여 말한 것이다.

疏

如下破塵出經卷等이며

저 아래 경[328]에 티끌을 깨뜨려 경전을 꺼낸다는 등과 같으며

鈔

如下破塵下는 引經이라 下經에 云호대 如有大經卷하니 量等三千界나 在於一塵內하고 一切塵悉然거든 有一聰慧人이 淨眼悉明見하고 破塵出經卷하야 廣饒益衆生하나니 佛智亦如是하야 遍在衆生心이나 妄想之所纏으로 不覺亦不知거든 諸佛大慈悲로 令其除妄想코자 如是乃出現하사 饒益諸菩薩等이 卽其義也니라

"아래 경에 마치 티끌을 깨뜨린다"고 한 아래는 인용하여 증거한 것이다.
아래 경문[329]에 말하기를
"마치 큰 경전[330]이 하나 있나니,

---

328 저 아래 경이란 여래출현품 게송이니 초문에 있다.
329 아래 경문이란 역시 여래출현품이다.
330 큰 경전이란 부처님의 큰 지혜이다.
　　여기에 '여유일대경如有一大經, 양등삼천계量等三千界, 재어일진내在於一塵內, 일체진역연一切塵亦然'이라는 게송에 비견하여 '아유일권경我有一券經 불인지묵성不因紙墨成 전개무일자展開無一字 상방대광명常放大光明'이라는 게송을 떠올린다.

그 양이 삼천대천세계와 같지만
한 티끌 안에도 있고,
일체 티끌 안에도 다 그렇게 있거든,

어떤 한 총명한 사람이
맑은 눈으로 다 밝게 보고,
티끌을 깨뜨려 경전을 꺼내어
널리 중생을 요익케 하는 것과 같나니,

부처님의 지혜도 또한 이와 같아서,
중생의 마음에 두루 있지만,
망상에 얽어 매인 바로
깨닫지도 못하고 또한 알지도 못하거든,

모든 부처님이 큰 자비로
그 중생으로 하여금 망상을 제멸케 하려고
이와 같이 이에 출현하여
모든 보살을 요익케 한다" 한 등이 곧 그 뜻이다.

疏

亦如法華經에 云호대 唯以一大事因緣故로 出現於世하니 所謂 開示悟入佛之知見이라 衆生이 等有일새 故言唯一이니라

또한 저 『법화경』[331]에 말하기를 "오직 일대사인연인 까닭으로 세상에 출현한다" 한 것과 같나니,
말하자면 부처님의 지견을 열어 보여 깨달아 들어가게 하는 것이다. 중생이 평등하게 가지고 있기에 그런 까닭으로 오직 하나(唯一)라고 말한 것이다.

鈔

言唯以一大事因緣故者는 卽引他經이니 大乘法師는 但云호대 事物괴 事體외 事義와 道理를 隨應皆得이라하나라 今略釋之호리니 無二無三일새 故名爲一이요 佛因佛果일새 故稱爲大요 因果幹能이 令物解脫일새 並稱爲事요 言因緣者는 如來가 因此緣此일새 故로 出現耳니라 又因緣者는 屬於大事하니 正因佛性은 爲因이요 緣因佛性은 爲緣이며 了因所了는 爲因이요 生因所生은 爲緣이라 斯則大事는 通因通果어니와 因緣은 但語於因이니 因은 卽種性之義라 故로 彼經에 云호대 佛種이 從緣起라하니 萬行爲緣하야 起斯佛種하야 成菩提故니라

---

331 『법화경』이란 방편품이고, 유이일대사唯以一大事 운운 이전에 제불세존諸佛世尊이라는 네 글자가 있다. 그리고 나머지는 초문에 있는 내용과 다 같다.

"오직 일대사인연인 까닭"이라고 말한 것은 곧 저 『법화경』을 인용한 것이니,

대승법사[332]는 다만 말하기를 "사물과 사물의 자체와 사물의 뜻과 도리를 응함에 따라 다 얻는다"고만 하였다.[333]

지금 간략하게 이것을 해석하리니,

이승도 없고 삼승도 없기에 그런 까닭으로 일一이라 이름하는 것이요,

부처님의 인과이기에 그런 까닭으로 크다 이름하는 것이요,

인과의 감당하는 능력[334]이 중생으로 하여금 해탈케 하기에 아울러 일(事)이라 이름하는 것이요,

인연이라고 말한 것은 여래가 이 일대사를 인연하기에 그런 까닭으로 출현하신 것이다.

또 인연[335]이라고 한 것은 일대사에 속하는 것이니,

---

332 대승법사는 규기법사이니 백부논사, 삼거三車논사라 한다.
333 다만 말하기를 사물과 사물이라고 한 아래는 대승 규기법사의 『법화경』 소문이니, 사물은 개開의 뜻이고, 사물의 자체는 시示의 뜻이고, 사물의 뜻은 오悟의 뜻이고, 도리는 입入의 뜻이다.
   그러나 법화경문은 불지견을 개시오입케 한다 하였다.
   보편적으로는 개 — 신信 — 십주
             시 — 해解 — 십행
             오 — 행行 — 십향
             입 — 증證 — 십지
   라 하나니, 천태의 학설이다.
334 원문에 간능幹能이란 일을 처리하는 능력, 감당하는 능력이다.

정인불성正因佛性[336]은 원인이 되고,

연인불성緣因佛性은 조연이 되며,

요인불성了因佛性으로 요달하는 바는 원인이 되고,

생인불성生因佛性으로 생기한 바는 조연이 되는 것이다.

이에 곧 대사大事는 원인에 통하고 과보에 통하거니와, 인연因緣은 다만 원인만 말한 것이니,

원인은 곧 종성種性의 뜻이다.

그런 까닭으로 저 『법화경』[337]에 말하기를 "부처님의 종성은 인연을 좇아 생기한다" 하였으니,

만행으로 조연을 삼아 이 부처님의 종성을 생기하여 보리를 이루는 까닭이다.

言所謂開示下는 義引彼經이니 具云하면 舍利弗아 云何名諸佛世尊이 唯以一大事因緣故로 出現於世오 舍利弗아 諸佛世尊이 欲令衆生으로 開佛知見하야 使得淸淨故로 出現於世하며 欲示衆生에 佛之

---

335 또 인연이라고 한 것은 『열반경』의 말이다.

336 정인이란 본각의 내훈內熏으로 곡식의 종자와 같고, 연인이란 사교師敎의 외훈外熏으로 물과 땅과 햇빛 등과 같고, 요인이란 본각의 아는 바로 등불이 사물을 비추는 것과 같고, 생인이란 삼혜三慧를 인유하여 생기한 바로 곡식의 종자가 싹을 내는 것과 같다.

337 저 경이란 『법화경』 방편품이니, 구체적으로 말하면 "모든 부처님 양족존께서는, 모든 법이 항상 자성이 없는 줄 알았지만, 부처님의 종성은 인연을 좇아 생기하기에, 이런 까닭으로 일승을 설한다" 하였다.(제불양족존諸佛兩足尊, 지법상무성知法常無性, 불종종연기佛種從緣起, 시고설일승是故說一乘)

知見故로 出現於世하며 欲令衆生으로 悟佛知見故로 出現於世하며 欲令衆生으로 入佛知見道故로 出現於世라하니 廣釋은 如別이요 略釋은 如下하니라 言衆生等有일새 故言唯一者는 隨難而解하야 唯解一字耳니라

"말하자면 부처님의 지견을 열어 보인다"고 한 아래는 뜻으로 저 『법화경』을 인용한 것이니,
갖추어 말하면 "사리불아, 어떤 것을 모든 부처님 세존이 오직 일대사인연인 까닭으로 세상에 출현하신다 이름하는가.
사리불아, 모든 부처님 세존이 중생으로 하여금 부처님의 지견을 열어 하여금 청정함을 얻게 하고자 하는 까닭으로 세상에 출현하며,
중생에게 부처님의 지견을 보이고자 하는 까닭으로 세상에 출현하며,
중생으로 하여금 부처님의 지견을 깨닫게 하고자 하는 까닭으로 세상에 출현하며,
중생으로 하여금 부처님의 지견의 도에 들어가게 하고자 하는 까닭으로 세상에 출현하신다" 하였으니,
널리 해석한 것은 별장別章[338]과 같고,
간략하게 해석한 것은 아래 소문과 같다.
"중생이 평등하게 가지고 있기에 그런 까닭으로 오직 하나라고 말한

---

[338] 별장이란 천태스님의 『법화문구法華文句』와 자은 규기법사의 『법화현찬法華玄贊』이다.

것이다"고 말한 것은 비난함을 따라³³⁹ 오직 하나라는 글자만 해석한 것이다.

---

339 비난함을 따른다고 한 것은 어떤 것이 일대사인가 한 것이니, 갖추어 말하면 『법화경』 방편품에, "어떤 것을 모든 부처님 세존이 오직 일대사인연인 까닭으로 세상에 출현한다 이름하는가" 한 것이다.

疏

十에 利今後者는 旣等有其分일새 故로 廣利無邊이니라

열 번째 "지금에 중생과 뒤에 중생을 이익케 한다"고 한 것은 이미 그 성불한 분이 동등하게 있기에 그런 까닭으로 널리 이익케 하는 것이 끝이 없는 것이다.

鈔

十에 利今後者는 文中에 亦二니 先은 躡前總辯이라

열 번째 "지금에 중생과 뒤에 중생을 이익케 한다"고 한 것은 소문 가운데 또한 두 가지가 있나니,
먼저는 앞에 말[340]을 밟아 한꺼번에 분별한 것이다.

---

340 앞에 말이란, 가까이는 제九이고 멀리는 앞에 구인九因이다.

疏

此亦二種이니 一은 利今이니 卽佛在當機요 二는 利後니 卽今之見聞이라 發心品에 云호대 我等諸佛이 護持此法하야 令未來世一切菩薩의 未曾聞者로 皆悉得聞이라하니라

여기에 또한 두 가지가 있나니,
첫 번째는 지금 중생을 이익케 하는 것이니,
곧 부처님이 세상에 계실 때 그 당시 중생이요,
두 번째는 뒤에 중생을 이익케 하는 것이니,
곧 지금 보고 듣는 중생이다.
발심공덕품에 말하기를 "우리 등 모든 부처님이 이 법을 보호하고 가져 미래 세상에 일체 보살로써 일찍이 듣지 못한 사람으로 하여금 다 들음을 얻게 할 것이다" 하였다.

鈔

後에 此亦下는 開章別明이니 文分爲三하리라 初는 約時分二니 可知라 次에 此益이 復二下는 約行分二요 後에 又此利益下는 對前辨異니라

뒤에 "여기에 또한"이라고 한 아래는 문장을 열어 따로 밝힌 것이니, 소문을 나누어 세 가지로 하겠다.
처음에는 시간을 잡아 두 가지[341]로 나눈 것이니,

가히 알 수 있을 것이다.

다음에 "이 이익이 다시 두 가지가 있다"고 한 아래는 행을 잡아 두 가지로 나눈 것이요,

뒤에 또 이 "이익"[342]이라고 한 아래는 앞에 아홉 가지 원인을 상대하여 다름[343]을 분별하는 것이다.

---

341 두 가지란, 첫 번째는 지금 중생을 이익케 하는 것과 두 번째는 뒤에 중생을 이익케 하는 것이다.

342 뒤에 또 이 "이익"이라고 한 것은 『현담』 2권, p.173, 7행이고, 영인본은 1책, p.225, 9행이다.

343 다름이란, 열 번째 지금에 중생과 뒤에 중생을 이익케 한다는 것이다.

疏

此益이 復二니 一은 令得見聞하야 爲堅種故니 出現品에 云호대 如人이 食少金剛하야도 終竟不消等이라하니라

이 이익이 다시 두 가지가 있나니,
첫 번째는 하여금 보고 들음을 얻어 견고한 종자가 되게 하는 까닭이니,
여래출현품에 말하기를 "어떤 사람이 작은 금강을 먹어도 끝내 녹지 않는 것과 같다 한 등이다" 하였다.

鈔

二中에 疏云호대 終竟不銷等者는 等取餘句니 餘句에 云호대 要穿其身하야 出在於外하나니 何以故오 金剛이 不與肉身雜穢로 而同止故니라 於如來所에 種少善根도 亦復如是하야 要穿一切有爲諸行煩惱身過하야 到於無爲究竟智處하나니 何以故오 此少善根도 不與有爲諸行煩惱로 而共住故라하니라

두 번째 가운데 소문에 말하기를 "끝내 녹지 않는 것과 같다 한 등이라고 한 것은 나머지 구절을 등취한 것이니,
나머지 구절[344]에 말하기를 "반드시 그 몸을 뚫고 밖으로 나와 있나니

---

344 나머지 구절이란 여래출현품의 말로서, 위의 소문에 인용한 다음에 이어지는 경문임을 묻지 않아도 알 수 있을 것이다.

무슨 까닭인가.

금강이 육신의 잡되고 더러운 것으로 더불어 함께 머물지[345] 않는 까닭이다.

여래의 처소에서 작은 선근을 심은 것도 또한 다시 이와 같아서, 반드시 일체 유위의 제행諸行인 번뇌의 몸을 뚫고 지나가 무위의 구경인 지혜의 처소에 이르나니

무슨 까닭인가.

이 작은 선근도 유위의 제행인 번뇌로 더불어 함께 머물지 않는 까닭이다" 하였다.

---

345 원문에 동지同止란 함께 머물다, 함께 한다 등의 뜻이 있다.

疏

二는 令起行하야 成證入故니 出現에 又云호대 設有菩薩이 無量百千億那由他劫에 行六波羅蜜하며 修習種種菩提分法이라도 若未聞此如來의 不思議大威德法門커나 或時聞已에 不信不解하며 不順不入이면 不得名爲眞實菩薩이니 以不能生如來家故니라 若聞此法하고 信解隨順悟入하면 當知此人은 生如來家하며 乃至深入如來無礙境界라하니라

두 번째는 하여금 행을 일으켜 증득하여 들어감을 이루게 하는 까닭이니,
여래출현품에 또 말하기를 "설사 어떤 보살이 한량없는 백천억 나유타 겁에 육바라밀을 행하며 가지가지 보리분법을 닦아 익힐지라도, 만약 이 여래의 사의할 수 없는 큰 위덕의 법문을 듣지 못하거니 혹시 들은 이후에 믿지 못하고 알지 못하며 따르지 못하고 들어가지 못한다면 진실한 보살이라 이름함을 얻을 수 없나니,
능히 여래의 집에 태어날 수 없는 까닭이다.
만약 이 위덕의 법문을 듣고 믿고 알고 따르고 깨달아 들어간다면 마땅히 이 사람은 여래의 집에 태어나며,
내지 여래의 걸림이 없는 경계에 깊이 들어가는 줄 알아야 할 것이다" 하였다.

鈔

二에 令起行하야 成證入故下는 文에 二니 初는 正釋이요 二는 釋成이라 今初니 疏云호대 乃至深入如來等者는 中間經에 云호대 隨順一切如來境界하며 具足一切諸菩薩法하며 安住一切種智境界하며 遠離一切諸世間法하며 出生一切如來所行하며 通達一切菩薩法性하며 於佛自在에 心無疑惑하야 住無師法하며 深入如來無礙境界라하니 故云乃至라하니라

두 번째 "하여금 행을 일으켜 증득하여 들어감을 이루게 하는 까닭"이라고 한 아래는 소문에 두 가지가 있나니,
처음에는 바로 해석한 것이요,
두 번째는 해석하여 성립한 것이다.
지금은 처음으로 소문에 말하기를 "내지 여래의 걸림이 없는 깊은 경계에 들어간다"고 한 것은 출현품 중간 경문[346]에 말하기를
"일체 여래의 경계를 따르며,
일체 모든 보살의 법을 구족하며,
일체 종지의 경계에 편안히 머물며,
일체 모든 세간의 법을 멀리 떠나며,
일체 여래의 소행을 출생하며,
일체 보살의 법성을 통달하며,

---

346 중간 경문이란, 여래출현품에 여래의 집에 태어난다고 한 것과 여래의 걸림 없는 경계 깊이 들어간다고 한 중간, 즉 사이의 경문을 말한다.

부처님의 자재하심에 마음이 의혹이 없어서 스승이 없는 법³⁴⁷에 머무르며,
여래의 걸림이 없는 경계에 깊이 들어간다" 하였으니,
그런 까닭으로 "내지"라 말한 것이다.

---

347 스승이 없는 법이란, 범행품에 "초발심시에 곧 아뇩다라삼먁삼보리를 얻으며 일체법이 곧 마음의 자성인 줄 알며 지혜의 몸을 성취하되 다른 사람의 깨달음을 인유하지 않는다" 하였으니, 스승이 없는 법(無師法)이란 곧 불유타오不由他悟, 즉 다른 사람의 깨달음을 인유하지 않고 스스로 깨닫는 것을 말한다. 더 이상 스승 삼을 이가 없는 법이라고도 이해할 수 있다. 더 나아가 본래 스스로 구족하여 스승도 제자도 없는 법의 세계를 말한다고도 볼 수 있다 하겠다.

疏

良以有作之修는 多劫이라도 終成敗壞요 無心體極이면 一念에 便契佛家니 賢首品에 云호대 十刹塵數如來所에 悉皆承事盡 一劫이라도 若於此品能誦持하면 其福最勝過於彼等이라하니라

진실로 유심으로 하는 수행은 수많은 겁 동안 할지라도 끝내 실패하여 무너짐을 이룰 것이요,
무심으로 체달하여 나아가면 한 생각에 곧 부처님의 집에 계합할 것이니,
현수품 게송에 말하기를
"열 세계 작은 티끌 수만치 많은 여래의 처소에
모두 다 받들어 섬겨 한 겁을 다할지라도,
만약 이 현수품을 능히 독송하여 가지면
그 복이 최고로 더 수승하여 저 여래를 섬기는 복을 지난다" 한 등이다 하였다.

鈔

良以有作下는 二에 釋成이라

"진실로 유심으로 하는 수행"이라고 한 아래는 두 번째 해석하여 성립한 것이다.

疏

又此利益을 別對前九하면 成十種益이니 謂一은 聞法爾하고 則知常遍하야 成見聞益이요 二는 聞本行願하고 學佛發興하야 成發心益이요 三은 聞機感하고 知法由善起하야 成造修益이요 四는 聞爲本하고 知其義圓하야 成頓得益이요 五는 聞果德하고 則信樂願齊하야 成滅障益이요 六은 聞位하고 期心證入하야 成攝位益이요 七은 聞行하고 發意修行하야 成起行益이요 八은 聞法하고 決須解了하야 成稱性益이요 九는 聞因하고 知一切皆同하야 成轉利益이요 十은 總具前九하야 成速證益이라 故前九因이 皆爲今益이니라

또 이 이익[348]을 따로 앞에 아홉 가지 원인에 배대한다면, 열 가지 이익을 이루나니,

말하자면 첫 번째는 법이 그러함을 듣고 곧 넝원하고 두루함[349]을 알아 보고 듣는 이익을 이루는 것이요,

두 번째는 본래의 행원을 듣고 부처님이 발심하여 출흥함을 배워 발심하는 이익을 이루는 것이요,

세 번째는 근기가 감당함을 듣고 법이 선을 인유하여 생기는 줄 알아 나아가 수행하는 이익을 이루는 것이요,

네 번째는 교의 근본이 되는 것을 듣고 그 뜻이 원만함을 알아

---

348 이 이익이란, 제 열 번째 원인이다.
349 영원하다는 것은 시간적으로 영원하다는 것이고, 두루하다고 한 것은 공간적으로 두루하다는 것이다.

문득 얻는 이익을 이루는 것이요,

다섯 번째는 과보의 공덕을 듣고 곧 믿고 좋아하여 부처님과 같기를 서원하여 장애를 제멸하는 이익을 이루는 것이요,

여섯 번째는 지위를 듣고 마음에 증득하여 들어감을 기약하여 지위를 섭수하는 이익을 이루는 것이요,

일곱 번째는 수승한 행을 듣고 뜻을 일으켜 수행하여 행을 일으키는 이익을 이루는 것이요,

여덟 번째는 진실한 법을 듣고 결정코 반드시 알아 자성에 칭합하는 이익을 이루는 것이요,

아홉 번째는 원인을 듣고 일체가 다 같은 줄 알아 전전히 이익케 하는 이익을 이루는 것이요,

열 번째는 앞에 아홉 가지 이익을 모두 구족하여 빨리 증득하는 이익을 이루는 것이다.

그런 까닭으로 앞에 아홉 가지 원인이 다 지금에 이익이 되는 것이다.

鈔

又此利益下는 對前辯異라 所以辯異者는 亦爲揀濫故니 以利今後義가 似順機感이니 機感도 亦有二世機故라 故로 上文에 明約行分二에 已是異 前但約時故니라 又順機는 多約於所요 利益은 多約於能이니라 又順機는 但是別義요 利益은 通於十義하니 即總別之異라 故對前九하야 別成斯十益也니라 於中에 二니 先別對前이요 後에 亦可已下는 通申本義라 今初니 此十種益이 出於指歸로대 但次第不同耳니

라 彼次第에 云호대 一은 見聞益이요 二는 發心益이요 三은 起行益이요 四는 攝位益이요 五는 速證益이요 六은 滅障益이요 七은 轉利益이요 八은 造修益이요 九는 頓得益이요 十은 稱性益이라하니 此는 依從淺至深과 自利利他等하야 而爲其次니라 今疏는 順前九門하야 展轉相生하야 後能成前으로 以爲次第耳니라 然이나 見聞等이 實通十因이나 欲顯別義하야 隨便逐勝하야 以別配耳니라

또 "이 이익"이라고 한 아래는 앞에 아홉 가지 원인을 상대하여 다름을 가리는 것이다.
다름을 가리는 까닭은 또한 혼돈할까 가리는 까닭이니,
금세와 후세를 이익케 하는 뜻이 근기가 감당함에 따르는[350] 것과 같나니,
근기가 감당하는 것도 또한 이세二世[351]의 근기가 있는 까닭이다.
그런 까닭으로 위의 소문에[352] 또한 행을 잡아 두 가지로 나눈 것에 이미 이 앞에 단순히 시간을 잡은 것[353]과는 다른 까닭이다.

---

350 근기가 감당함에 따른다고 한 것은, 열 가지 원인 가운데 제 세 번째이다. 앞에 아홉 가지 원인은 금세의 이익이고, 제 열 번째 원인은 후세의 이익이다.
351 이세란 금세와 후세이다.
352 위의 소문(上)이란, 탄허본 44책, p.171, 9행(영인본 1책, p.223, 6행)에 이 이익이 다시 두 가지가 있다고 한 것은 행을 잡아 두 가지로 나눈 것이니, 첫 번째는 보고 들음을 얻어 견고한 종자가 되게 하는 까닭이고, 두 번째는 하여금 행을 일으켜 증득하여 들어감을 이루게 하신 까닭이다(p.172, 4행, 영인본 1책, p.224, 3행) 한 것이다.
353 이미 이 앞에 단순히 시간을 잡은 것이란, 영인본 1책, p.225, 5행(탄허본

또 근기가 감당함에 따른다고 한 것은 다분히 소所의 뜻을 잡은 것이요,

열 번째 이익이라고 한 것은 다분히 능能의 뜻을 잡은 것이다.[354]

또 근기가 감당함에 따른다고 한 것은 다만 이 별別의 뜻뿐이요,

열 번째 이익이라고 한 것은 열 가지 뜻에 통하는 것이니,

곧 총의 뜻과 별의 뜻[355]이 다른 것이다.

그런 까닭으로 앞에 아홉 가지 원인을 상대하여 이 열 가지 이익[356]을 따로 이루는 것이다.

그 가운데 두 가지가 있나니

먼저는 앞에 열 가지 이익을 따로 상대한 것이요,

뒤에 또한 가히 앞의 낱낱 문이라고 한 이하는 본래의 뜻을 모두 편 것이다.

지금은 처음으로 이 열 가지 이익이 저 『화엄지귀』[357]에서 나왔지만[358], 다만 차례가 같지 아니할 뿐이다.

44책, p.173, 3행)에 유심수행 다겁과 무념체달 일념一念이라 한 것이니, 과목으로는 두 번째 하여금 행을 일으켜 증득하여 들어감을 이루게 하는 까닭에 두 가지가 있는데, 一에 정석正釋과 二에 석성釋成이다. 그 가운데 뒤의 석성에 해당한다. 또 행을 잡아 두 가지로 나눈 것은 두 번째이고, 시간을 잡아 두 가지로 나눈 것(p.171, 3행)은 첫 번째이니, 이 첫 번째를 가리킨다고 볼 수 있다.

354 소所는 중생이고, 능能은 부처님이다.
355 총은 제 열 번째 원인이고, 별은 제 세 번째 원인이다.
356 원문에 이것(斯)이란 제 열 번째 원인 가운데 열 가지 이익이다.
357 『화엄지귀華嚴旨歸』는 현수법장의 저서이다.

저『화엄지귀』의 차례에 말하기를

"첫 번째는 보고 듣는 이익이요,

두 번째는 발심하는 이익이요,

세 번째는 행을 일으키는 이익이요,

네 번째는 지위를 섭수하는 이익이요,

다섯 번째는 빨리 증득하는 이익이요,

여섯 번째는 장애를 제멸하는 이익이요,

일곱 번째는 전전히 이익케 하는 이익이요,

여덟 번째는 나아가 수행하는 이익이요,

아홉 번째는 문득 얻는 이익이요,

열 번째는 자성에 칭합하는 이익이라" 하였으니,

이것은 얕은 곳으로부터 깊은 곳에 이르는 것과 자기도 이롭고 다른 사람도 이롭게 하는 등에 의지하여 그 차례를 삼은 것이다.

---

358 여기 청량의 열 가지 이익과 현수『화엄지귀』의 열 가지 이익과 앞의 교적(教迹, 탄허본 44책, p.95, 7행 이하)에 팔단의 이익을 비교하여 현시한다.

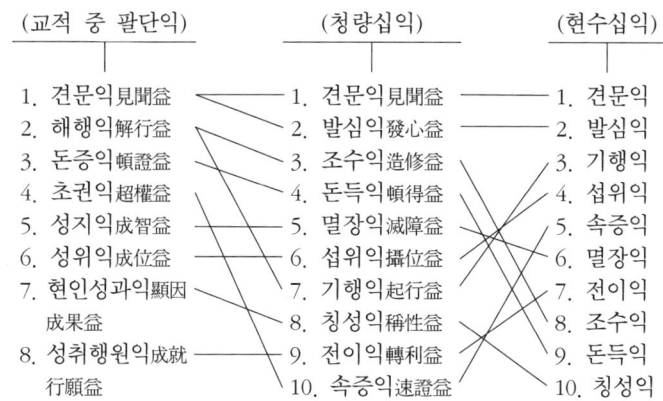

지금 소문은 앞에 아홉 문門을 따라 전전히 서로 생기하여 뒤의 것이 능히 앞에 것을 성립하는 것으로써 차례를 삼은 것이다. 그러나 보고 듣는 이익 등이 진실로 열 가지 원인에 통하지만, 다른 뜻을 나타내고자 하여 편리함을 따르고 수승함을 따라 따로 배속하였을 뿐이다.

一은 以法爾常說遍說일새 便能觸目對境하는 一切時中에 常如法見이니 所引經文은 如前總中하니라 又出現品에 云호대 佛子야 譬如雪山에 有藥王樹하니 名曰善見이라 若有見者면 眼得淸淨이요 若有聞者면 耳得淸淨等인달하야 佛子야 如來應正等覺無上藥王도 亦復如是하야 能作一切하야 饒益衆生하니 若有得見如來色身이면 眼得淸淨하고 若有得聞如來音聲이면 耳得淸淨等이라며 又云호대 佛子야 我今告汝호리니 設有衆生이 見聞於佛호대 業障纏覆하야 不生信樂이라도 亦種善根하야 無空過者하며 乃至究竟入於涅槃이라하니라

첫 번째는 법이 그러하여 항상 설하고 두루 설하기에 곧 능히 눈에 닿고 경계를 상대하는 일체 시간 가운데 항상 여법하게 보는 것이니, 인용한 바 경문은 앞에 총설 가운데 말한 것[359]과 같다.
또 여래출현품에 말하기를 "불자야, 비유하자면 설산에 약왕수가 있나니,

---

359 앞에 총설 가운데 말한 것이란, 『현담』 2권, p.142, 7행에 인용한 불부사의품 제사십칠권경이다.

이름하여 선견이라 말한다.

만약 보는 사람이 있으면 눈이 청정함을 얻고,

만약 듣는 사람이 있으면 귀가 청정함을 얻는 등과 같아서,

불자야, 여래 응공 정등 정각 무상의 약왕도 또한 다시 이와 같아서 능히 일체를 지어 중생을 요익케 하나니,

만약 여래의 색신을 얻어 보는 이가 있으면 눈이 청정함을 얻고,

만약 여래의 음성을 얻어 듣는 이가 있으면 귀가 청정함을 얻는 등이라" 하였으며,

또 여래출현품에[360] 말하기를 "불자야, 내가 지금 그대에게 이르나니, 설사 어떤 중생이 부처님을 보고 들었으나 업장에 얽히고 덮여 믿고 즐거움을 내지 아니할지라도 또한 선근을 심어 헛되이 지나는 사람이 없으며,

내지 구경에는 열반에 들어가게 할 것이다" 하였다.

上엔 雖明見佛이나 佛은 是華嚴佛故며 舌根은 嘗法味故니라 賢首品에 云호대 此法希有甚奇特하니 若人聞已能忍可하며 能信能受能讚說하면 如是所作甚爲難等이라하며 兜率偈讚品에 云호대 設於念念中에 供養無量佛이라도 未知眞實法이면 不名爲供養하며 若聞如是法하면 諸佛從此生일새 雖經無量苦라도 不捨菩提行하며 一聞大智慧인 諸佛所入法하면 普於法界中에 成三世導師라하니 明知見聞에 其益이 深矣로다

---

360 원문에 우운又云이란 여래출현품이다.

이상은 비록 부처님을 보는 것을 밝힌 것이지만, 부처님은 이『화엄경』에서 말하는 법신불인 까닭이며,
설근舌根은 법신의 법미法味를 맛보는[361] 까닭이다.
현수품[362]에 말하기를
"이 법이 희유하고 매우 기특하나니,
만약 사람이 들은 이후에 능히 인가하며,
능히 믿고, 능히 받아 가지고, 능히 찬탄하고 해설한다면
이와 같은 소작은 매우 하기 어렵다" 한 등이라 하였으며,
도솔천궁게찬품에 말하기를

"설사 생각 생각 가운데
한량없는 부처님에게 공양할지라도,
진실한 법을 알지 못한다면
여래에게 공양한다 이름할 수 없으며,

만약 이와 같은 진실한 법을 듣는다면
모든 부처님이 이 법으로 좇아 태어나기에
비록 한량없는 고통을 지낼지라도

---

[361] 설근은 법신의 법미를 맛본다고 한 것은, 설사 부처님을 비방하더라도 혀는 법을 맛본다. 부처님을 비방하려면 법언法言을 입에 담아야 하기 때문이다. 스님을 욕하려면 중, 중이라 해야 한다. 그러나 그것이 성불의 공덕이 된다.

[362] 현수품은 게송이다.

보리의 행을 버리지 아니할 것이며,

큰 지혜인 모든 부처님이
들어가신 바 법을 한 번만 듣는다면
널리 법계 가운데
삼세의 도사를 이룰 것이다" 하였으니,

보고 듣는 그 이익이 깊은 것을 분명히 알아야 할 것이다.

言發心益者는 若不聞此면 不能發心이요 設有發心이라도 不得尊勝이니 以初發心時에 便成正覺故니 如前引하니라

"발심하는 이익"이라고 말한 것은 만약 이 경의 법을 듣지 못한다면 능히 발심할 수 없고, 설사 발심함이 있다 할지라도 손귀하고 수승함을 얻을 수 없나니,
처음 발심할 때 곧 정각을 이루는 까닭이니
앞에 인용한 것[363]과 같다.

言造修益者는 謂聞此普法하면 便能造修一行이 一切行故니 如前引한 出現品에 云호대 多劫修行이라도 不聞此法이면 非眞修故라하니라

---

[363] 앞에 인용한 것이란, 『현담』 2권, p.160, 5행에 초발심시 변성정각이라 한 것이다.

"나아가 수행하는 이익"이라고 말한 것은 말하자면 이 넓은 법을 듣는다면 곧 능히 한 행行을 나아가 닦는 것이 일체 행을 나아가 닦는[364] 까닭이니,
앞에 인용한 출현품에[365] 말하기를 "수많은 겁에 수행할지라도 이 법문을 듣지 못한다면 진실한 수행이 아니다" 한 것과 같다.

言頓得益者는 如下六千比丘가 言下에 獲於十眼하고 善財童子가 一生에 能圓諸位하며 法界品初에 菩薩이 頓證等이니 並如敎迹中引하니라

"문득 얻는 이익"이라고 말한 것은 아래[366] 입법계품에 육천 비구가 언하言下에 열 가지 눈[367]을 얻고, 선재동자가 일생에 능히 모든

---

364 일행일체행이란, 제칠인七因 가운데 행의 두 가지 가운데 첫 번째는 모든 행을 한꺼번에 이루는 것이니, 한 행이 일체의 행이라 한 것이다. 두 번째 행은 모든 행을 두루 이루는 것이다 하였다. 『현담』 2권, p.164, 5행에 있다.

365 앞에 인용한 출현품 운운한 것은 『현담』 2권, p.172, 4행에, 설사 어떤 보살이 한량없는 백천억 나유타겁에 육바라밀을 수행하며 가지가지 보리분법을 수행할지라도 만약 이 여래의 사의할 수 없는 큰 위덕의 법문을 듣지 못하거나, 혹시 들은 이후에 믿지 못하고 알지 못하며 따르지 못하고 들어가지 못한다면 진실한 보살이라 이름함을 얻을 수 없다고 한 것을 뜻으로 인용한 것이다.

366 여하如下라 한 아래(下)는 입법계품(61권) 초두를 말한다. 44책, p.99, 10행을 참고하라.

367 44책, p.97, 9행에 십종청안의 단어만 나온다.

지위를 원만히 하며,

입법계품 초두에 보살이 문득 증득한다는 등과 같나니,

교의 자취(敎迹)³⁶⁸ 가운데 인용한 것과 같다.

言滅障益者는 卽一斷一切斷이니 如隨好品에 天鼓 敎云호대 以等法界三業으로 悔過하라하고 結云호대 若如是知하면 是眞實懺悔이니 一切罪惡이 悉得淸淨이니라 說此法時에 百千億那由他佛刹微塵數世界中에 兜率陀天諸天子가 得無生法忍하고 又諸天子가 以香華等으로 供佛하야 而成大益라하며 又云호대 其諸香雲이 普雨無量佛刹微塵數世界하니 若有衆生이 身蒙香者면 其身이 安樂호미 譬如比丘가 入第四禪하야 一切業障이 皆得消滅하며 若有聞者면 彼諸衆生이 於色聲香味觸의 其內에 具有五百煩惱하고 其外에 亦有五百煩惱하며 貪行多者도 二萬一千이요 瞋癡等分도 亦然커늘 了知如是가 悉是虛妄하며 如是知己에 成就香幢雲自在光明의 淸淨善根等이라하니 皆滅障益也니라

"장애를 제멸하는 이익"이라고 말한 것은 곧 하나를 끊음에 일체를 끊는 것³⁶⁹이니,

저 여래수호광명공덕품에 하늘 북이 가르쳐³⁷⁰ 말하기를 "법계와

---

368 교의 자취(敎迹)란 총서명의總序名意라고도 하고, 또 소서疏序라고도 하나니 십단으로 되어 있다. 탄허본 44책, p.95, 2행 이하를 참고하라.
369 하나를 끊음에 일체를 끊는다고 한 것은, 일곱 번째 원인 가운데 인용한 보현행품의 말이니, 44책, p.164, 8행에 있다.

같은 삼업으로써 허물을 참회하라 하고,

맺어 말하기를 만약 이와 같이 안다면 이것이 진실한 참회이니, 일체 죄악이 다 청정함을 얻을 것이다.

이 법을 설할 때에 백천억 나유타 부처님 세계의 작은 티끌 수만치 많은 세계 가운데 도솔타천의 모든 천자가 무생법인을 얻었다" 하였으며,

또 "모든 천자가 향과 꽃 등으로써 부처님께 공양하여 큰 이익을 이루었다" 하였으며,

또 말하기를 "그 모든 향의 구름이 널리 한량없는 부처님 세계에 작은 티끌 수만치 많은 세계에 비 내리나니,

만약 어떤 중생이라도 몸에 향기를 입는 사람이 있다면 그 몸이 안락한 것이 비유하자면 어떤 비구가 제사선정에 들어가 일체 업장이 다 소멸함을 얻는 것과 같으며,

만약 어떤 중생이라도 향기를 맡는 사람이 있다면 저 모든 중생이 색상과 소리와 향기와 맛과 촉감의 그 안에 오백 가지 번뇌를 갖추고 있고,

그 밖에도 또한 오백 가지 번뇌를 갖추고 있으며,

탐행이 많은 사람도 이만 일천이나 있고,

진행과 친행과 탐진치행을 함께 행하는 사람도 또한 그렇게 있거늘, 이와 같은 것이 다 허망한 줄 알며,

---

370 여래수호광명공덕품에는 하늘 북이 가르쳤다고 한 그 教교 자 아래에 云운호 대 여등汝等은 응발아뇩다라삼먁삼보리심應發阿耨多羅三藐三菩提心하야 라는 말이 있다. 44책, p.95, 9행을 참고하라.

이와 같은 것이 다 허망한 줄 안 이후에
향당운자재광명의 청정한 선근을 성취한다" 등이라 하였으니,
다 장애를 제멸하는 이익이다.

言攝位益者는 如前位中具明하니라

"지위를 섭수하는 이익"이라고 말한 것은 앞에 지위[371] 가운데 갖추어
설명한 것과 같다.

言起行益者는 如普賢行品에 云호대 菩薩摩訶薩이 得聞此法하면 少
作方便이라도 疾得阿耨多羅三藐三菩提하리니 以一行이 一切行故
라하니 如前行中具引하니라

"행을 일으키는 이익"이라고 말한 것은 저 보현행품에 말하기를
"보살마하살이 이 법을 얻어 듣는다면, 조금만 방편을 지을지라도
빨리 아뇩다라삼먁삼보리를 얻을 것이니,
한 행이 일체 행인 까닭이라" 하였으니
앞에 수승한 행[372]을 설하는 가운데 갖추어 인용한 것과 같다.

言稱性益者는 謂依此普法하면 一切衆生이 無不皆悉稱其本性하야

---

371 앞에 지위란, 제 여섯 번째 원인이다.
372 앞에 수승한 행이란, 제 일곱 번째 원인이다.

佛果海中에 舊來益竟이라 故로 出現品에 云호대 如來가 成正覺時에 於其身中에 普見一切衆生이 成正覺하며 乃至普見一切衆生이 入涅槃이라 皆同一性이니 所謂無性이라하니 若不稱性이면 豈得然耶아

"자성에 칭합하는 이익"이라고 말한 것은 말하자면, 이 넓은 법을 의지한다면 일체 중생이 모두 다 그 본래 자성에 칭합하지 아니함이 없어서, 부처님의 과보 바다 가운데 옛날로부터 오면서 이익하여 마친 것이다.
그런 까닭으로 여래출현품에 말하기를 "여래가 정각을 성취할 때에, 그 몸 가운데 널리 일체 중생이 정각을 성취함을 보며,
내지 널리 일체 중생이 열반에 들어감을 보는 것이다.
모두 다 동일한 성품이니,
말하자면 자성이 없는 것[373]이다" 하였으니,
만약 자성에 칭합하지 않는다면 어찌 그러함을 얻겠는가.

言轉利益者는 如第一重에 地獄天子가 得益竟에 展轉成三重之益이니 後二는 卽轉利益也니라 如上滅障은 卽第二重이니 亦是轉利益이로대 所望處 別일새 故爲滅障이니라 第三重에 云호대 若有衆生이 見其蓋者면 種淸淨金輞[374]轉輪王位와 一恒河沙善根이니라 佛子야

---

[373] 자성이 없다고 한 아래에, "어떤 등의 자성이 없는가. 말하자면 상相의 자성이 없으며, 진盡의 자성이 없으며, 생生의 자성이 없으며, 멸滅의 자성이 없으며, 아我의 자성이 없으며, 비아非我의 자성이 없다" 운운한 말이 있다. 여래출현품 37권의 제삼권에 있는 말이다.

菩薩이 住此轉輪王位하야 於百千億那由他佛刹微塵數世界中에
教化衆生이라하며 乃至云호대 若有暫得遇斯光明인댄 必獲菩薩의
第十地位니 以先修行善根力故라하니 皆轉利益이니라

"전전히 이익케 하는 이익"이라고 말한 것은 마치 제일중第一重[375]에
지옥천자가 이익을 얻어 마침내 전전히 삼중三重[376]의 이익을 이루는
것과 같나니,
뒤에 이중二重은 곧 전전히 이익케 하는 이익[377]이다.
저 위에 장애를 제멸하는 이익[378]은 곧 제이중第二重이니,
역시 전전히 이익케 하는 이익이지만, 바라보는 바 처소가 다르기에
그런 까닭으로 "장애를 제멸하는 이익"이라 하는 것이다.
제삼중第三重에 말하기를 "만약 어떤 중생이라도[379] 일산[380]을 보는
사람이 있다면, 청정한 금강전륜왕위[381]와 한 항하사 선근을 심을

---

[374] 輞은 고본엔 網 자다.
[375] 제일중第一重에 지옥천자는 즉 하늘 북의 설법을 듣고 이익을 얻는 것이니, 여래수호광명공덕품의 말이다. 44책, p.176, 9행에 먼저 인용하였으니 참고하라.
[376] 지옥천자 삼중돈원은 44책, p.95, 7~p.97, 5행을 참고하라. 먼저 인용하였다.
[377] 전전히 이익케 하는 이익은 제 아홉 번째 원인이다.
[378] 장애를 제멸하는 이익은 제 다섯 번째 원인이니 44책, p.176, 9행을 참고하라.
[379] 제삼중에 말하기를 "만약 어떤 중생이" 운운은 역시 여래수호광명공덕품이니, 44책, p.97, 5행에 먼저 인용하였다.
[380] 여기서 일산이란 부처님의 광명에서 나타난 일산이다.
[381] 전륜왕위의 위位는 경문에는 없다.

것이다.

불자야, 보살이[382] 이 전륜왕위에 머물러 백천억 나유타 부처님의 국토에 작은 티끌 수만치 많은 세계 가운데 중생을 교화한다" 하며, 내지 말하기를 "만약 어떤 사람이 잠시라도 이 광명을 만나는 사람이 있다면 반드시 보살의 제십지위를 얻을 것이니,

먼저 선근을 수행한 힘인 까닭이다" 하였으니,

다 전전히 이익케 하는 이익이다.

言速證益者는 如前敎迹中에 一生圓曠劫之果中辯하니라

"빨리 증득하는 이익"이라고 말한 것은 앞에 교의 자취(敎迹) 가운데 일생에 광겁[383]의 과보를 원만히 한다면 한 가운데 가린 것과 같다.

言故前九因이 皆爲今益者는 結也라

"그런 까닭으로 앞에 아홉 가지 원인이 다 지금에 이익이 되는 것이다"고 말한 것은 맺는 것이다.

---

382 "불자야, 보살이" 운운한 것도 p.97, 7행에 먼저 인용하였다. 단 보살 하下에 '마하살'이라는 말이 있다.
383 "앞에 교의 자취(敎迹) 가운데 일생에 광겁" 운운은 44책, p.97, 10행이니, 교의 자취 십단 가운데 제 일곱 번째 이익을 이루어 문득 뛰어나는 것(第七成益頓超)이다.

㊟ 疏

亦可前一一門이 皆成十益이니 可以意得이니라

또한 가히 앞에 낱낱 문門[384]이 다 열 가지 이익을 이루나니, 가히 뜻으로써 얻을 것이다.

㊟ 鈔

亦可一一門이 皆成十益者는 此第二意가 却是正意요 上은 但隨宜耳니라

"또한 가히 앞의 낱낱 문이 다 열 가지 이익을 이룬다"고 한 것은 여기 제 두 번째 뜻이 도리어 바른 뜻이고, 위에 뜻[385]은 다만 편의함을 따라 말한 것일 뿐이다.

---

384 앞에 낱낱 문이란, 교기敎起의 열 가지 원인이다.
385 위에 뜻이란, 과목으로는 44책, p.174, 2행 三에 대전변리對前辨異 가운데 一에 선별대전先別對前이다. 여기는 二에 통신본의通申本義이다.

疏

因上十義일새 故此敎興이니라 發心品中에 有十所因하니 彼云호 대 以佛神力故며 世尊本願力故等이라하니라 因緣이 相參하니 對 會因緣이면 可以意得이니라

위에 열 가지 뜻을 원인하기에 그런 까닭으로 이 가르침이 일어나는 것이다.
초발심공덕품 가운데 열 가지 원인하는 바가 있나니,
저 초발심공덕품에 말하기를 "부처님의 신통의 힘인 까닭이며, 세존의 본래 서원의 힘인 까닭이다" 한 등이라 하였다.
원인과 조연이 서로 섞여 있으니,
원인과 조연을 상대하여 회석한다면 가히 그 뜻을 얻게 될 것이다.

鈔

因上十義일새 故此敎興下는 第三에 結屬會釋也라 此上은 結屬이요 下는 會釋經文이라 彼經에 具云호대 其說法者는 同名法慧니 悉以佛 神力故며 世尊本願力故며 爲欲顯示佛法故며 爲以智光普照故며 爲欲開闡實義故며 爲令證得法性故며 爲令衆會로 悉歡喜故며 爲 欲開示佛法因故며 爲得一切佛平等故며 爲了法界無有二故로 說 如是法이라하니 十因에 擧二일새 故有等言이니라 言因緣相參者는 神力은 是緣이요 餘皆是因이니 故云相參이라하니라 今略擧二이나 卽 有因緣하니 以疏對彼면 因緣易知일새 故云可以意得이라하니라

"위에 열 가지 뜻을 원인하기에 그런 까닭으로 이 가르침이 일어난다"
고 한 아래는 제 세 번째 맺어서 묶고 회석한 것이다.
이 가르침이 일어난다고 한 이상은 맺어서 묶는 것이요,
이 아래는 경문을 회석한 것이다.
저 초발심공덕품 경문[386]에 갖추어 말하기를 "그 법을 설하는 사람은
다 같이 이름이 법혜보살이니,
다 부처님의 신통의 힘인 까닭이며,
세존의 본래 서원의 힘인 까닭이며,
불법을 현시하고자 하는 까닭이며,
지혜의 광명으로써 널리 비추고자 하는 까닭이며,
진실한 뜻을 열고자 하는 까닭이며,
하여금 법의 자성을 증득케 하고자 하는 까닭이며,
모인 대중으로 하여금 다 환희케 하고자 하는 까닭이며,
불법의 원인을 일어 보이고자 하는 까닭이며,
일체 부처님의 평등함을 얻고자 하는 까닭이며,
법계가 둘이 없음을 알게 하고자 하는 까닭으로 이와 같이 법을 설한다" 하였으니,
소문에는 열 가지 원인에 두 가지만 거론하였기에[387] 그런 까닭으로 등이라는 말이 있는 것이다.
원인과 조연이 서로 섞여 있다고 한 것은

---

386 원문에 피경彼經이란 초발심공덕품이다.
387 두 가지만 거론했다고 한 것은, 소문엔 열 가지 원인 가운데 부처님의 신통의 힘과 세존의 본래 서원의 힘 두 가지만 거론하고 "등"이라 하였다.

신통의 힘은 이 조연이요,

나머지는 다 이 원인이니,

그런 까닭으로 서로 섞여 있다 말한 것이다.

지금은 간략하게 두 가지 원인만 거론하였지만,

곧 원인과 조연을 갖추고 있나니,

소문으로써 저 발심공덕품을 상대한다면 『화엄경』의 가르침이 생기한 인연(敎起因緣)[388]을 쉽게 알 수 있기에 그런 까닭으로 "가히 뜻을 얻게 될 것"이라고 말한 것이다.

---

388 인연이란 『화엄경』이 생기한 인연, 즉 교기인연이다.

疏

第二에 明說經緣者는 一切經首에 說時方人等이 皆是緣起니라

제 두 번째 "경을 설하는 연기[389]를 밝힌다"고 한 것은 일체 모든 경의 첫머리에 시간과 방처와 사람을 말한 등이 다 이 연기이다.

鈔

第二에 明說經緣等者는 疏文分二호리니 先은 引例總明이요 後는 開章別釋이라 前中에 謂六成就中에 信聞二種은 屬於阿難하니 在佛滅後에 結集時安일새 不爲經緣이요 餘四成就는 爲經緣起니라 說必依時요 要有方處며 人通說聽이니 卽佛及衆이니 四義足矣니라 問이라 智論에 云호대 說時方人은 令生信故라하야늘 何以今言爲緣起耶아 答이라 六中에 初二는 唯屬證信이요 後四는 義有兩兼하니 阿難이 引之는 爲生物信이요 當時無此면 敎不得興일새 故爲緣起니 今十緣中에 具有此四하니라

제 두 번째 "경을 설하는 연기를 밝힌다"고 한 등은 소문을 두 가지로 나누리니,
먼저는 예를 인용하여[390] 한꺼번에 밝힌 것이요,

---

389 제 두 번째 경을 설하는 연기란 44책, p.141, 5행에 먼저는 원인이고 뒤에는 조연이라 한 뒤의 조연이다.
390 예를 인용한다고 한 것은, 모든 경전에 육성취의 예를 인용하였다는 것이다.

뒤에는 문장을 열어 따로 해석한 것이다.

앞에 예를 인용하여 한꺼번에 밝힌 가운데 말하자면, 여섯 가지 성취(六成就) 가운데 신성취信成就와 문성취聞成就의 두 가지는 저 아란존자에게 속하나니,

부처님이 열반하신 뒤에 결집할 때에 있어 둔 것이기에, 경을 설하는 연기가 될 수 없고, 나머지 네 가지 성취는 경을 설하는 연기가 되는 것이다.

경을 설함에 반드시 시간을 의지하고,

반드시 방처가 있으며,

사람은 설하는 사람과 듣는 사람에 통하나니,

곧 부처님과 그리고 중생이니

네 가지 성취의 뜻이 다 구족되었다.

묻겠다.

"『지도론』에 말하기를 '시간과 방처와 사람을 말한 것은 하여금 믿음을 내게 하기 위한 까닭이다' 하였거늘, 무슨 까닭으로 지금은 연기가 된다고 말하는가?"

답하겠다.

"여섯 가지 성취 가운데 처음에 두 가지는 오직 증명하여 믿게 함에 속하는 것이요,

뒤에 네 가지는 뜻이 두 가지[391]를 겸하고 있나니,

아난존자가 이 여섯 가지 성취를 인용한 것은 중생에게 믿음을

---

[391] 두 가지란 증신證信과 발기發起이니, 발기는 이 경을 설하는 동기와 연기이다.

내게 하는 것이요,

그 당시에 이 여섯 가지 성취가 없었다면 가르침이 일어남을 얻을 수 없기에, 그런 까닭으로 연기가 되는 것이니,

지금 열 가지 조연 가운데 이 네 가지 성취를 갖추고 있는 것이다."³⁹²

---

392 네 가지 성취를 갖추고 있다는 것은 一에 시간이고, 二에 처소이고, 三에 주主이고, 四에 듣는 사람(대중)이다.

疏

今有十緣하니 一은 依時요 二는 依處요 三은 依主요 四는 依三昧요 五는 依現相이요 六은 依說者요 七은 依聽者요 八은 依德本이요 九는 依請者요 十은 依加者니라

지금에 열 가지 조연[393]이 있나니
첫 번째는 시간을 의지하는 것이요,
두 번째는 처소를 의지하는 것이요,
세 번째[394]는 교주를 의지하는 것이요,
네 번째[395]는 삼매를 의지하는 것이요,
다섯 번째[396]는 여래의 나타난 모습을 의지하는 것이요,
여섯 번째[397]는 설하는 사람을 의지하는 것이요,
일곱 번째[398]는 듣는 사람을 의지하는 것이요,
여덟 번째[399]는 공덕의 근본을 의지하는 것이요,

---

393 조연이란 연기이다.
　교기인연敎起因緣에 곧 인인은 인기因起이고, 연緣은 연기緣起이다. 편의상 원인, 조연, 연기라 해석하였다.
394 『현담』 제3권 초두, 44책, p.207, 4행.
395 44책, p.240.
396 44책, p.243.
397 44책, p.247.
398 44책, p.252.
399 44책, p.253.

아홉 번째[400]는 청하는 사람을 의지하는 것이요,
열 번째[401]는 가피하는 사람을 의지하는 것이다.

鈔

今有十緣下는 開章解釋이라 中에 二니 先列이요 後釋이라 先列은 可知요 今初依時下는 釋이라 疏文分四호리니 一은 大意요 二는 開釋이요 三은 融會요 四는 廣如旨歸一句는 出法源이라

"지금에 열 가지 조연이 있다"고 한 아래는 문장을 열어 따로 해석한 것이다.
그 가운데 두 가지가 있나니,
먼저는 열 가지 조연[402]을 열거한 것이요,
뒤에는 해석한 것이다.
먼저 열 가지 조연을 열거한 것은 가히 알 수 있을 것이요,
"지금 처음에 시간을 의지한다"고 한 아래는 해석한 것이다.
소문을 네 가지로 나누리니
첫 번째는 큰 뜻이요,
두 번째는 문장을 열어 따로 해석한 것이요,

---

400 44책, p.254, 8행.
401 44책, p.255, 3행.
402 조연이란, 역시 화엄교를 일으키는 연기이다. 십인십연十因十緣을 말하고 있으나 혼용이고, 그저 『화엄경』을 일으키는 인연, 연기라 하는 것이 알기가 쉽다. 아래 조연도 그렇게 이해할 것이다.

세 번째는 융합하여 회석한 것이요,

네 번째는 널리 해석한 것은 『화엄지귀』와 같다고 한 한 구절[403]은 법의 근원을 설출한 것이다.

---

[403] 『화엄지귀』와 같다고 한 한 구절이란, 44책, p.186, 11행에 있나니, 즉 『화엄지귀』의 제 두 번째 설경시說經時의 문장이다. 대정신수대장경으로는 45권, p.590 중단에 있다.

疏

今初에 依時는 夫心冥至道면 則混一古今이요 法界는 無生하야 本亡時分이니 下經偈에 云호대 如來得菩提는 實不計於日이라하 니라

"지금 처음에 시간을 의지한다"고 한 것은 대저 마음이 지극한 도에 명합한다면 곧 옛날과 지금이 혼합하여 하나가 되고, 법계는 생기함이 없어 본래로 시분(時分)이 없나니, 아래 경의 도솔천궁게찬품에 말하기를[404] "여래가 보리를 얻는 것은 진실로 일시에 매이지 않는다" 하였다.

鈔

大意中에 二니 先은 拂迹顯實이요 後는 就德顯圓이라 前中에 言夫心 冥至道면 則渾一古今者는 此는 約人顯實이니 心與理冥契면 則無今 古之相이라 故로 肇公이 云호대 古今이 通하고 始終이 同하니 窮本極 末이면 浩然大均이라하며 生公의 法華疏에 云호대 古亦今也요 今亦 古矣라하니라

첫 번째 큰 뜻 가운데 두 가지가 있나니,

---

[404] 아래 경의 게송이란 도솔천궁게찬품에 보당보살의 게송이니, 초문에 있다.

먼저는 자취를 떨쳐버리고 진실함을 나타낸 것이요,

뒤에는 공덕에 나아가 원융함을 나타낸 것이다.

앞에 자취를 떨쳐버리고 진실함을 나타낸 가운데 "대저 마음이 지극한 도에 명합한다면 곧 옛날과 지금이 혼합하여 하나가 된다"고 말한 것은, 이것은 사람을 잡아 진실함을 나타낸 것이니,

마음이 진리로 더불어 명합한다면 곧 옛날과 지금의 모습이 없게 되는 것이다.

그런 까닭으로 승조법사가 열반무명론에서 말하기를[405] "옛날과 지금이 통하고, 처음과 끝이 같나니,

근본을 궁진하고 지말을 궁진한다면 호연浩然히 크게 균등할 것이다" 하였으며,

도생[406]법사가 『법화경소』[407]에서 말하기를 "옛날이 또한 지금이고, 지금이 또한 옛날이다" 하였다.

---

405 승조법사가 말했다고 한 것은, 『조론』 가운데 열반무명론의 말이다. 이것은 고금이 없다는 뜻을 승조의 열반무명론을 이끌어 증명한 것이다. 대정신수대장경으로는 45권, p.161 상단에 있다.

406 도생(道生, 360?~434)은 동진東晉의 승려로 구마라집의 제자이다. 일찍이 일체 중생의 불성론과 일천제一闡提의 성불을 주장하였다.

407 도생의 『법화경소』란, 『법화경』 여래수량품의 소문이다. 속장경으로는 27권, p.14 중단에 있다.

여래수량품에 말하기를, 내가 불안으로써 그 중생들의 믿는 등과 모든 근기의 영리하고 둔함을 보고 응당 제도할 바를 따라 곳곳에서 스스로 설하되, 부처님의 이름도 같지 아니하며 연도와 기간도 크기도 작기도 하다. 또 다시 현시하여 말하기를, 마땅히 열반에 들기도 한다 하였다.

言法界無生等者는 約法顯實也니 有生則屬三世일새 便卽有時이니와 無生則無三世刹那어니 安有時分이리오 故로 出現品에 云호대 眞如離妄恒寂靜하니 無生無滅普周遍等이라하니라

"법계는 생기함이 없다"고 말한 등은 법을 잡아 진실함을 나타낸 것이니,
생기함이 있다면 곧 삼세에 속하기에 곧 시분이 있거니와,
생기함이 없다면 곧 삼세와 찰나가 없거니 어찌 시분이 있겠는가.
그런 까닭으로 여래출현품[408]에 말하기를
"진여는 망상을 떠나 항상 고요하나니,
생기함도 없고 사라짐도 없어 널리 두루한다" 한 등이라 하였다.

言下經偈云下는 引經證이니 略擧人證耳라 卽兜率寶幢偈也니 彼에 具云호대 衆生如是說 某日佛成道어니와 如來得菩提는 實不計於日이라하니라 法界品에 云호대 菩薩智輪은 遠離一切分別網하며 超越一切障礙山일새 不可以生死長短染淨劫數로 顯示等이라하니 其文이 非一이니라

"아래 경의 도솔천궁게찬품에 말하였다"고 한 아래는 경문을 인용하

---

408 여래출현품이란, 대정신수대장경으로는 10권, p.265 상단에 있다. 아래 두 구절이 더 있나니 諸佛境界亦復然, 體性平等不增減이다. 즉 모든 부처님의 경계도 또한 다시 그러하여 체성이 평등하여 더함도 없고 덜함도 없다는 것이다.

여 증거한 것이니,

간략하게 사람[409]만 들어 증거하였을 뿐이다. 곧 도솔천궁게찬품에 보당보살의 게송이니,

저 게송에 갖추어 말하기를

"중생은 이와 같이

어느 날에 부처님이 도를 이루었다 말하거니와,

여래가 보리를 얻은 것은

진실로 일시에 매이지 않는다" 하였다.

입법계품에도[410] 말하기를 "보살의 지혜바퀴는 일체 분별의 그물을 멀리 떠났으며,

일체 장애의 산을 초월하였기에 가히 생사와 장단과 염정과 겁수로써 현시할 수 없다한 등이라" 하였으니,

그런 경문이 하나가 아니다.

---

409 사람이란 곧 여래이다.
410 입법계품 운운은 대원정진력구호중생주야신 선지식에게 선재동자가 "신께서는 발심하신 지가 얼마나 되었습니까" 하고 물은 것에 대원정진 선지식이 답한 대목이니, 대정신수대장경으로는 10권, p.398 중단에 있다. 단 여기에 인용한 것과 전후가 조금 다름이 있다.

대원정진력구호중생주야신 선지식은 제 서른여덟 번째 선지식이다.

疏

況無涯之說이 念劫圓融哉아

하물며 끝없는 설법이 한 생각과 영겁永劫[411]에 원융함이겠는가.

鈔

況無涯之說等者는 第二에 就德顯圓이라 無涯之說은 豎約長時니 故로 旨歸에 云호대 常恒之說이 前後際而無涯라하니라 念劫圓融者는 約一念이 即不可盡이니 一念이 即無量劫이요 無量劫이 即一念等일새 故로 云爾也라 一念이 即多劫이어니 何定時之長短哉아

"하물며 끝없는 설법"이라고 한 등은 제 두 번째 공덕에 나아가 원융함을 나타낸 것이다. 끝없는 설법이라고 한 것은 수豎로 긴 시간을 잡은 것이니,
그런 까닭으로 『화엄지귀』[412]에 말하기를 "항상 한 설법이 전제 후제에 끝이 없다" 하였다.
"한 생각과 영겁에 원융함이겠는가" 한 것은 한 생각이 곧 가히 다할 수 없음을 잡은 것이니,
한 생각이 곧 한량없는 겁이요,

---

411 원문에 염겁念劫이란, 염은 찰나이고 겁은 영겁이다.
412 『화엄지귀』란, 역시 설경시의 문장이니 대정신수대장경으로는 45권, p.590 중단에 있다.

한량없는 겁이 곧 한 생각 등이기에
그런 까닭으로 그렇게 말한 것이다.
한 생각이 곧 수많은 겁이거니,
어찌 시간의 길고 짧은 것을 결정하겠는가.

疏

今以無時之時로 略顯十重時別호리니

지금은 시간이 없는 시간으로써 간략하게 십중十重의 시간이 차별함을 나타내리니

鈔

今以無時之時로 略顯十重時別者는 此下는 第二에 開章解釋也라 就中에 三이니 初에 上二句는 標요 次에 初唯下는 釋이요 後에 於前下는 結이라

"지금은 시간이 없는 시간으로써 간략하게 십중의 시간이 차별함을 나타낸다"고 한 것은 이 아래는 제 두 번째 문장을 열어 해석한 것이다.
그 가운데 나아가 세 가지가 있나니,
처음에 위의 두 구절은 표[413]한 것이요,
다음에 첫 번째 "오직 한 생각뿐"이라고 한 아래는 해석[414]한 것이요,
뒤에 저 앞의 "십중의 시간"이라고 한 아래는 맺는 것이다.

---

413 표標는 총표이다.
414 석釋은 별석이다.

疏

初는 唯一念이요 二는 盡七日이요 三은 遍三際요 四는 攝同類劫이요 五는 收異類劫이요 六은 以念攝劫이요 七은 劫念重收요 八은 異類界時요 九는 彼此相入이요 十은 以本收末이니 謂以非劫爲劫故라

첫 번째는 오직 한 생각에 다 설한 것이요,
두 번째는 칠일에 다 설한 것이요,
세 번째는 삼제三際에 두루 설한 것이요,
네 번째는 동류의 겁(同類劫)을 섭수하는 것이요,
다섯 번째는 이류의 겁(異類劫)을 섭수하는 것이요,
여섯 번째는 한 생각으로써 영겁을 섭수하는 것이요,
일곱 번째는 영겁과 한 생각을 거듭 섭수하는 것이요,
여덟 번째는 이류異類 세계의 시간이요,
아홉 번째는 저 이류의 세계와 이 동류의 세계에 시간이 서로 섭입攝入하는 것이요,
열 번째는 근본으로써 지말을 섭수하는 것이니,
말하자면 비겁非劫[415]으로써 겁을 삼는 까닭이다.

---

415 비겁은 근본이고, 겁은 지말이다.

鈔

二는 釋이라 初에 唯一念者는 謂於一刹那에 頓遍無盡之處하야 說無邊法이라 二에 盡七日者는 謂初成道하사 一七日中에 自受法樂하시고 第二七日에 頓說此經이라 言三遍三際者는 謂盡前後際에 各無邊劫토록 常恒周遍하야 演說此經호대 初無暫息이라 上三은 易故로 疏但列名而已니라 言四攝同類劫下는 以義稍隱일새 故並加字니 旨歸엔 但云호대 四는 攝同類요 五는 收異類요 六은 念攝劫이요 七은 復重收요 八은 異界時요 九는 彼此相入이요 十은 以本收末이라하니 今加一字에 義則易見일새 故並不釋하고 唯釋第十耳니라 攝同類劫者는 於前無邊劫에 各攝同類니 如長劫은 唯攝長劫하고 短劫은 唯攝短劫等이라

두 번째는 해석한 것이다

첫 번째 "오직 한 생각에 다 설한 것"이라고 한 것은 말하자면 한 찰나에 문득 끝이 없는 처소에 두루하여 끝이 없는 법을 설하신 것이다.

두 번째 "칠일에 다 설한 것"이라고 한 것은 말하자면 처음 도를 성취하여 처음 칠일 가운데는 스스로 법의 즐거움을 받으시고, 제 두 번째 칠일에 문득 이 『화엄경』을 설하신 것[416]이다.

---

[416] 제 두 번째 칠일에 이 『화엄경』을 설했다고 한 것은, 『십지경』에 증거를 들어 말한 것이고, 80권 『화엄경』에는 제二七日에 이 『화엄경』을 설했다는 말이 없다.

세 번째 "삼제에 두루 설한 것"이라고 말한 것은 말하자면 전제 후제에 각각 끝없는 겁이 다하도록 항상 두루 이 『화엄경』을 연설하되, 처음부터 잠시도 쉰 적이 없는 것이다.

이상의 세 가지는 쉬운 까닭으로 소문에 다만 이름만 열거하였을 뿐이다.

네 번째 "동류의 겁을 섭수하는 것"이라 말한 아래는 뜻이 약간 숨어 있기에 그런 까닭으로 모두 한 글자를 더하였으니[417], 『화엄지귀』에는 다만 말하기를 "네 번째는 동류를 섭수(攝同類)하는 것이요,

다섯 번째는 이류를 섭수(收異類)하는 것이요,

여섯 번째는 한 생각이 영겁을 섭수(念攝劫)하는 것이요,

일곱 번째는 다시 거듭 섭수(復重收)하는 것이요,

여덟 번째는 이류 세계의 시간(異界時)이요,

아홉 번째는 저 이류의 세계와 이 동류의 세계[418]가 서로 섭입(彼此相入)하는 것이요,

열 번째는 근본으로써 지말을 섭수(以本收末)하는 것이다" 하였으니, 지금에 한 글자를 더함에 뜻이 곧 보기가 쉽기에 그런 까닭으로 모두 해석하지 않고 오직 제 열 번째만 해석하였을 뿐이다.[419]

---

417 모두 한 글자를 더했다고 한 것은, 십중의 시간 가운데 제 네 번째부터는 모두 다 한 글자를 더하여 네 자이고 그 이전은 세 자이다. 『화엄지귀』도 다 세 자이다. 청량스님이 알기 쉽게 하려고 한 자씩 더한 것이다.

418 원문에 피차彼此란, 피彼는 이류이고 차此는 동류이다. 여기 제 아홉 번째와 제 열 번째는 소가와 같이 네 글자로 되어 있다.

동류의 겁을 섭속한다고 한 것은 앞의 끝없는 겁에 각각 동류의 겁을 섭수하는 것이니,

마치 긴 겁은 오직 긴 겁만 섭수하고,

짧은 겁은 오직 짧은 겁만 섭수하는 등과 같다.

五에 收異類劫者는 謂長劫이 攝短劫等이라 六에 以念攝劫者는 於一念中에 卽攝無邊同異類劫하고 念念에 皆爾라 七에 劫念重收者는 此上의 念念所攝劫中에 各以念成하고 彼一一念도 亦各攝諸劫이니 是則念念이 旣其不盡이라 劫劫도 亦復無窮이니 如因陀羅網이 重重無盡也라 八에 異類界時者는 上之七重은 且約一類世界인댄 如今娑婆一類어니와 今辯樹形江河形等無邊異類之刹인댄 刹旣同處나 而有不同하며 時亦同時나 而各別分齊니 盡彼時分토록 常說此經이라 九에 彼此相入者는 卽彼異類界의 所有時劫이 亦各別相收하며 或同異類界時가 互相攝入하야 若念若劫이 重重無盡호미 同前四五六七이니 於彼諸時에 常說此經이니라

다섯 번째 "이류의 겁을 섭수한다"고 한 것은 말하자면 긴 겁이 짧은 겁을 섭수하는 등이다.

여섯 번째 "한 생각으로써 영겁을 섭수한다"고 한 것은 저 한 생각 가운데 곧 끝없는 동류와 이류의 겁을 섭수하고,

---

419 제 열 번째만 해석하였다고 한 것은, 앞에 아홉 가지는 쉬운 까닭으로 오직 이름만 말하고, 여기 제 열 번째는 어려운 까닭으로 비겁으로써 겁을 삼는 까닭이라고 해석하였다는 것이다.

생각 생각에 다 그렇게 섭수하는 것이다.
일곱 번째 "영겁과 한 생각을 거듭 섭수한다"고 한 것은 이 위의 생각 생각에 섭수한 바 겁 가운데 각각 한 생각으로써 이루고,
저 낱낱 생각도 또한 각각 모든 겁을 섭수하나니,
이것은 곧 생각 생각이 이미 다함이 없는 것이다.
겁劫과 겁劫도 또한 다시 다함이 없나니,
마치 인다라의 거물이 중중으로 다함이 없는 것과 같다.
여덟 번째 "이류세계의 시간"이라고 한 것은 이상의 칠중七重은 또한 일류세계를 잡는다면 마치 지금의 사바세계의 일류와 같거니와, 지금 나무의 형상과 강과 내의 형상 등 끝없는 이류의 세계를 분별한다면, 세계가 이미 같은 곳이지만 같지 아니함이 있으며,
시간도 또한 같은 시간이지만 각각 분제分齊가 다르나니,
저 이류세계의 시분이 다하도록 항상 이 『화엄경』을 설하는 것이다.
아홉 번째 저 이류의 세계와 이 동류의 세계에 시간이 서로 섭입한다고 한 것은 곧 저 이류 세계에 있는 바 시겁時劫이 또한 각각 달리 서로 섭수하며,
혹은 동류와 이류 세계의 시겁이 서로서로 같이 섭입하여
혹 한 생각과 혹 영겁이 중중으로 다함이 없는 것이 앞에 네 번째와 다섯 번째와 여섯 번째와 일곱 번째와 같나니,
저 모든 시간에[420] 항상 이 『화엄경』을 설하는 것이다.

---

[420] 저 모든 시간이란 장겁과 단겁, 장시와 단시이니 바로 아래 소문에, 앞에 십중의 시간에 항상 이 『화엄경』을 설한다 한 것과 같다.

謂以非劫爲劫者는 第十難見일새 故以此句로 釋之라 以非劫爲本인
댄 劫卽爲末이니 言非劫者는 離分限故라 如華藏世界가 以非劫爲劫
에 劫卽非劫이요 念等도 亦爾하니 以時無長短하야 離分限故며 以染
時分으로 說彼劫故로 以時無別體하야 依法上立이니 法旣融通에 時
亦隨爾니라 故로 離世間品에 云호대 菩薩摩訶薩이 知一切劫이 卽是
非劫하고 而眞實說一切劫數가 是爲第六無等住라하니 故로 云非劫
爲劫이라하니라

"말하자면 비겁非劫으로써 겁을 삼는다"고 한 것은 제 열 번째는
보기가 어렵기에 그런 까닭으로 이 구절[421]로써 해석한 것이다.
비겁으로써 근본을 삼는다면 겁은 곧 지말이 되는 것이니,
비겁이라고 말한 것은 분한을 떠난 까닭이다.
저 화장세계[422]가 비겁으로써 겁을 삼음에 겁이 곧 비겁이요,
생각 능도 또한 그러하나니,
시간은 길고 짧은 것이 없어 분한을 떠난 까닭이며,
중생세계(染界)의 시분으로써 저 겁을 말하는 까닭으로 시간은 다른
자체가 없어 법의 분상을 의지하여 성립하나니,

---

421 이 구절이란, 비겁으로 겁을 삼는다고 한 것이다.
422 『화엄지귀』에 말하기를, "화장세계품에 화장세계는 법계法界와 같아 다름이
없다 하였으니 겁劫은 곧 비겁非劫이요, 염念은 곧 비염非念이니 깨어지지
않는 모습을 잡아 겁劫과 염念 등을 방해하지 않는다. 화장세계가 이미
그러하며 그밖에 시방세계의 간격이 없는 세계에 시분時分도 또한 그러하다"
한 것을 인용한 것이다.

법이 이미 융통함에 시간도 또한 따라 그러한 것이다.
그런 까닭으로 이세간품[423]에 말하기를 "보살마하살이 일체 겁이 곧 이 비겁인 줄 알고, 진실로 일체 겁수를 설하는 것이 이것이 제 여섯 번째 무등주無等住라 한다" 하였으니,
그런 까닭으로 "비겁으로 겁을 삼는다" 말한 것이다.

---

423 이세간품이란, 대정신수대장경으로는 10권, p.288 하단에 있다.

疏

於前十時에 恒演此經이니라

앞에 십중의 시간에 항상 이 『화엄경』을 연설하는 것이다.

鈔

三은 結이니 於此無量時劫에 常說華嚴이라

세 번째는 맺는 것이니,
이 한량없는 시겁時劫에 항상 『화엄경』을 연설하는 것이다.

🔵 疏

又此十種이 隨一圓收니

또 이 열 가지 시간이 하나를 따라 원만하게 섭수하나니

🔵 鈔

又此十種者는 此下는 第三에 融會也라 於中에 三이니 初에 又此二句는 正融會也라

"또 이 열 가지"라고 한 것은 이 아래는 제 세 번째 융합하여 회석한 것이다.
그 가운데 세 가지가 있나니,
처음에 "또 이 열 가지"라고 한 아래에 두 구절은 바로 융합하여 회석한 것이다.

疏

依此說時인댄 則無終始언마는

이것[424]을 의지하여 설한 시간을 말한다면 곧 시작도 끝도 없지만

鈔

二에 依此說時下는 通妨難이라 此上은 牒疑情이니 旣無始終인댄 何有初成之始와 九會之終이리오

두 번째 "이것을 의지하여 설한 시간을 말한다"고 한 아래는 방해하여 비난함을 통석한 것이다.
이상은 의심하는 마음을 첩석한 것이니,
이미 시작도 끝도 없다면 어찌 처음 도를 이룬 시작과 구회의 설법을 마친 것이 있겠는가.

---

[424] 이것이란, 이 열 가지 시간이 하나를 따라 원만하게 섭수한다는 것과 그 앞에 십중의 시간이다.

疏

亦隨見聞하야 說初成等이니 如前法爾中辯하리라

또한 보고 들음에 따라 처음 도를 이룬 등을 설하나니
앞에 법이 그러하다[425]고 한 가운데 분별한 것과 같다.

鈔

亦隨見聞下는 會釋也니 疏指前通이라 又此一部가 卽是無邊法海니
以下는 皆結通無分齊故며 一部가 卽是一切說故니라

"또한 보고 들음에 따른다"고 한 아래는 회석한 것이니,
소문에 앞을 가리켜[426] 통석한 것이다.
또 이 일부화엄이 곧 이 끝없는 법의 바다이니,
이 아래는 다 분제가 없는 까닭이며,
일부화엄이 곧 이 일체 설법임을 맺어 통석한 까닭이다.

---

425 앞에 법이 그러하다고 한 것이란, 44책, p.144, 11행이다. 즉 법이 그러하다고 한 것은 p.142, 1행이고, 법이 그러함을 설하는 가운데 보고 들음을 따라 처음 도를 이룬 것과 구회의 설법이 다름이 있다고 한 것은 p.144, 11행에 있다.
426 앞을 가리켰다고 한 것은, 앞에 법이 그러하다 한 처소이니 44책, p.144, 11행이다.

疏

若依此時인댄 則逈異餘敎라 而餘敎時도 不出於此언마는 或說三七六七等은 隨見聞故니라

만약 이 『화엄경』의 시간을 의지한다면 곧 다른 교와는 멀리 다르다. 그러나 다른 교에서 말하는 시간도 이 화엄에서 말하는 시간을 벗어나지 않지만, 혹은 삼칠일三七日과 육칠일六七日[427] 등이라 말한 것은 보고 들음에 따른 까닭이다.

鈔

若依此時下는 三에 顯勝能이라 於中에 又三이니 初는 揀他顯勝이요 次에 而餘敎下는 會他顯勝이요 後에 或說下는 再通妨難이라 難云 彼有三七等殊어늘 云何不出於此리오할새 故今通云호대 皆是此經之時니 隨見聞故라하니라

"만약 이 시간을 의지한다면"이라고 한 아래는 세 번째 수승한 능력을 나타낸 것이다.
그 가운데 또 세 가지가 있나니,
처음에는 다른 교와 다름을 가려 수승함을 나타낸 것이요,

---

[427] 혹은 삼칠일과 육칠일이라 한 등은, 『법화경』에는 삼칠일이라 했고, 『사분율』에는 육칠일이라 했고, 『홍기행경興起行經』에는 칠칠일이라 했고, 『오분율』에는 팔칠일이라 했다.

다음에 "그러나 다른 교"라고 한 아래는 다른 교의 시간을 회통하여 수승함을 나타낸 것이요,

뒤에 "혹은 삼칠일과 육칠일 등"이라 말한 아래는 방해하여 비난함을 재삼 통석한 것이다.

비난하여 말하기를 "저 다른 교에서 삼칠일 등의 다름이 있다 하였거늘 어떻게 이 화엄에서 말하는 시간을 벗어나지 않는다 하는가" 하기에, 그런 까닭으로 지금에 통석하여 말하기를 "다 이 『화엄경』의 시간이니

보고 들음에 따른 까닭[428]이다" 하였다.

---

[428] 보고 들음에 따른 까닭이란, 차처·타처에 중생이 보고 들음에 따라 시처가 다르다는 것이다.

疏

廣如旨歸하니라

널리 해석한 것은 『화엄지귀』와 같다.[429]

鈔

廣如下는 四에 出法之源이라

"널리 해석한 것은 『화엄지귀』와 같다"고 한 아래는 네 번째 법의 근원을 설출한 것이다.

---

[429] 『화엄지귀』와 같다고 한 것은, 현수스님의 『화엄지귀』에 말하기를 "수많은 겁토록 설한다고 하면서 여래께서 열반은 왜 하셨는가. 부처님은 열반하신 적이 없다. 교화하는 위의威儀 가운데 다만 열반을 보였을 뿐 부처님은 여전히 화장세계에서 상시로 설법하시고, 열반은 애당초 없었고 있을 수도 없다" 하였다. 이상은 뜻으로 인용하였다.

疏

第二에 依處者는 夫智窮眞際하사 能所兩亡이나 假說依眞而非國土어든

제 두 번째 처소를 의지한다고 한 것은 대저 지혜로[430] 진제를 궁구하여 능과 소[431]를 둘 다 잊었으나, 거짓으로 진제를 의지하여 머물고[432], 국토를 의지하여 머물지 않는다 말하였거든

鈔

第二는 說經處라 疏文有四하니 第一은 總彰大意요 第二는 敍昔順違요 第三은 句數圓融이요 第四는 別明處異라

제 두 번째는 『화엄경』을 설한 처소이다.
소문에 네 가지가 있나니
첫 번째는 큰 뜻을 한꺼번에 밝힌 것이요,
두 번째는 옛날 사람의 뜻을 따르고 어김을 서술한 것이요,
세 번째[433]는 구절의 수數가 원융한 것이요,

---

430 대저 지혜라 한 아래는 '대승 실교·돈교도 그 『화엄경』을 설하는 처소를 떠났거니 『화엄경』이야 말할 것이 있겠는가' 하는 뜻이다.
431 능은 부처님, 소는 처소이다.
432 진제를 의지하여 머문다 한 등은 보현삼매품의 말이다. 그 뜻은, 진제에는 능소가 없어 의지할 수 없으나 거짓 방편으로 의지한다는 것이다.

네 번째는 처소가 다름을 따로 밝힌 것이다.

初中에 有三하니 初는 拂迹顯實이요 二는 融通顯圓이요 三은 依義建立이라 今初에 至而非國土는 卽拂迹顯實이니 謂旣亡能所인댄 何有能依之佛과 所依之處리오 普賢三昧品에 云호대 普賢身相如虛空하야 依眞而住非國土라하니 猶是假說이니 以眞無能所하야 無可依故니라

처음 큰 뜻을 밝힌 가운데 세 가지가 있나니,
처음에는 자취를 떨쳐버리고 진실함을 나타낸 것이요,
두 번째는 융통하여 원만함을 나타낸 것이요,
세 번째는 뜻을 의지하여 건립한 것이다.
지금 처음으로 "국토를 의지하여 머물지 않는다"고 함에 이르기까지는 곧 자취를 떨쳐버리고 진실함을 나타낸 것이니,
말하자면 이미 능과 소를 잃었다면 어찌 능히 의지할 부처님과 의지할 바 처소가 있겠는가.
보현삼매품[434]에 말하기를
"보현의 신상이 허공과 같아
진제를 의지하여 머물고,

---

433 세 번째는 44책, p.189, 10행이다.
434 보현삼매품은 게송이다. 아래 두 구절이 더 있나니 수제중생심소욕隨諸衆生心所欲, 시현보신등일체示現普身等一切, 즉 모든 중생의 마음에 하고자 하는 바를 따라 시현하여 널리 몸을 일체와 같게 한다는 말이 더 있다는 것이다.

국토를 의지하여 머물지 않는다" 하였으니,
오히려 이것도 거짓으로 말한 것이니,
진제에는 능과 소가 없어 가히 의지할 수 없는 까닭이다.

疏

況刹塵이 卽入하며 染淨이 參融하는 圓滿敎之普周에 難以分其處別가

하물며 세계와 미진이 서로 즉하고 서로 들어가며, 더러운 것과 깨끗한 것이 서로 섞이고 융합하는 원만한 가르침이 널리 두루함에 그 처소의 다름을 나누기[435] 어려움이겠는가.

鈔

況刹塵卽入下는 第二에 融通顯圓이라 無能所依는 尙通實頓二敎하니 實敎頓敎도 尙離處所어든 況於圓敎耶아 刹塵卽入은 卽下에 通局交徹하는 二種四句요 染淨參融은 卽下에 染淨無礙하는 二種四句요 圓滿敎下는 總結難思라

"하물며 세계와 미진이 서로 즉하고 서로 들어간다"고 한 아래는 제 두 번째 융통하여 원만함을 나타낸 것이다.
능히 의지하고 의지할 바가 없다[436]고 한 것은 오히려 실교와 돈교의

---

435 하물며 세계 운운은, 원교화엄은 처소를 떠났다는 것이다. 하물며 이하로 서로 섞이고 융합한다고 한 것까지는 원교화엄의 사상이고, 원만한 가르침이라고 한 이하는 원교화엄이 처소를 떠난 것을 바로 말하고 있다.
436 능히 의지한다고 한 것은, 위의 초문에 능히 의지하는 부처님이고, 의지할 바라고 한 것은 의지할 바 처소이다.

이교二教에 통하나니,

실교와 돈교도 오히려 처소를 떠났거늘 하물며 원교이겠는가.

"세계와 미진이 서로 즉하고 서로 들어간다"고 한 것은 곧 이 아래[437] 통하고 국한함이 서로 사무치는 두 가지 사구四句[438]요,

더러운 것과 깨끗한 것이 서로 섞이고 융합한다고 한 것은 곧 이 아래[439] 깨끗하고 더러운 것이 걸림이 없는 두 가지 사구요,

"원만한 가르침"이라고 한 아래는 사의하기 어려움[440]을 모두 맺는 것이다.

---

[437] 곧 이 아래란, 44책, p.191, 9행이다.
[438] 두 가지 사구란, 통通에 사구와 국局에 사구이다.
[439] 곧 이 아래란, 44책, p.189, 말행末行이다.
[440] 사의하기 어렵다고 한 것은, 설한 처소를 사의하기 어렵다는 뜻이다.

疏

然이나 眞非事外일새 不壞所依니 以上無時之時로 遍非處之處니라

그러나 진제는 사실 밖에 진제가 아니기에 의지하는 바 모습을 무너뜨리지 않는 것이니,
위에 시간[441]이 없는 시간으로써 여기 처소[442]가 없는 처소에 두루하는 것이다.

鈔

然眞非下는 第三에 依義建立이니 不壞相故로 不妨立時라 然이나 旨歸엔 約處先已有하야 依此說經하고 後辯其時어니와 疏家는 欲順 六成就之次第일새 故先明時耳니라

"그러나 진제는 사실 밖에 진제가 아니라"고 한 아래는 제 세 번째 뜻을 의지하여 건립하는 것이니,
모습을 무너뜨리지 않는 까닭으로 시간을 세움에 방해롭지 않는 것이다.
그러나 『화엄지귀』에는 처소가 먼저 이미 있음을 잡아 이 처소를 의지하여 『화엄경』을 설하고 뒤에 그 시간을 분별하였거니와, 소가

---

441 위에 시간이란, 44책, p.182, 9행에 있다. 과목으로는 一에 의시依時에 해당한다.
442 여기 처소란, 과목으로는 二에 의처依處에 해당한다.

疏家는 여섯 가지 성취를 따르고자 하기에 그런 까닭으로 먼저 시간을 밝혔을 뿐이다.

疏

然이나 有言호대 此經은 在穢土說이니 居摩竭等故라하며 有云호대 處淨土說이니 在華藏故라하며 有云호대 如實義者는 二種身土가 無定異處어든 卽於一處에 見聞이 異故라하니

그러나 어떤 스님이 말하기를 "이『화엄경』은 예토[443]에 있으면서 설한 것이니,
마갈타 아란야 법보리장 등[444]에 거주한 까닭이다" 하였으며,
어떤 스님이 말하기를 "정토에 거처하면서 설한 것이니,
화장세계에 있은[445] 까닭이다" 하였으며,
어떤 스님이 말하기를 "여실한 뜻은 두 가지 몸과 두 가지 국토[446]가 결정코 다른 곳이 없거든,
곧 한 곳에서 보고 듣는 것이 다른 까닭이다" 하였으니

---

[443] 예토는 사바세계이다.
[444] 등이란 보광당과 급고독이다.
[445] 화장세계에 있다고 한 것은, 이 사바세계(예토)가 이십중화장세계二十重華藏世界 가운데 제십삼층에 있는 까닭으로 정토로 본다는 것이다.
[446] 두 가지 몸이란 법신과 보신이고, 두 가지 국토란 정토와 예토이다. 즉 세 번째 스님은 예토에서 설한 것도 아니고 정토에서 설한 것도 아니고 한 처소에서 보고 듣는 사람에 따라 정토, 예토로 본다는 것이다.

鈔

然有言下는 第二에 敍昔順違라 於中에 二니 先은 正敍요 後에 上之下는 決斷이라 前中에 第一師는 云호대 旣七處九會에 人三天四가 並居娑婆와 欲界之中인댄 明是穢也라하며 第二師는 云호대 說此經時에 華藏世界가 六種震動이라하고 又言호대 其地堅固하야 金剛所成이요 娑婆는 土石諸山이라하니 豈得將此爲穢리오하며 第三師는 云호대 但合上無礙하니 謂感娑婆者는 對華藏而見娑婆하고 感華藏者는 對娑婆而見華藏이니 亦如螺髻의 所見如自在天宮과 身子의 所見丘陵坑坎이라 華藏品에 云호대 譬如見導師의 種種色差別이 隨衆生心行하야 見諸刹亦然이라하니라

"그러나 어떤 스님이 말하였다"고 한 아래는 제 두 번째 옛날 사람의 뜻을 따르고 어기는 것을 서술한 것이다.
그 가운데 두 가지가 있나니
먼저는 바로 서술한 것이요,
뒤에 위에 세 가지 뜻이라고 한 아래는 결단한 것이다.
앞에 바로 서술한 가운데 첫 번째 스님은 말하기를 "이미 칠처구회七處九會에 인간세계의 삼처三處와 천상세계의 사처四處[447]가 모두 사바세계와 욕계 가운데 있다면 분명히 이것은 예토이다" 하였으며, 제 두 번째 스님은 말하기를 "이 『화엄경』을 설할 때에 화장세계가

---

447 인간세계의 삼처란, 보리장과 보광당과 급고독이다. 천상세계의 사처란, 도리천과 야마천과 도솔천과 타화자재천이다.

여섯 가지로 진동하였다" 하고,

또 말하기를 "그 땅이 견고하여 금강으로 이루어진 바요,

사바세계는 흙과 돌로 모든 산이 이루어져 있다" 하였으니,

어찌 이 화장세계를 가져 예토라 함을 얻겠는가 하였으며,

제 세 번째 스님은 말하기를 다만 위에 두 가지[448]를 합하여도 걸림이 없나니,

말하자면 사바세계를 느껴보는 사람은 화장세계[449]를 상대하여도 사바세계를 보고,

화장세계를 느껴보는 사람은 사바세계를 상대하여도 화장세계를 보나니,

또한 마치 나계범왕螺髻梵王[450]이 보는 바 자재천궁과 사리불(身子)이 보는 바 언덕과 구덩이와 같다."

화장세계품[451]에 말하기를

---

448 위에 두 가지란, 첫 번째 스님의 예토설과 두 번째 스님의 정토설이다.
449 화장세계란, 여기서는 정토에 비견한다.
450 나계범왕 운운은 『정명경』 불국품佛國品의 말이니, 나계범왕은 초선천의 범왕梵王이다. 즉 대범천왕을 말한다.
  자재천궁이란 욕계 육천 가운데 마지막 타화자재천궁이다. 그 뜻은, 나계대범천왕은 사바세계를 타화자재천궁으로 보고, 사리불은 이 사바세계를 언덕이나 구덩이로 본다는 것이니 선자에게는 선한 세상으로 악자에게는 악한 세상으로, 오자悟者에게는 부처의 세계로 미자迷者에게는 중생의 세계로 보인다는 것이다. 즉 제 세 번째 스님은 정토도 예토도 아니고 보는 사람에 따라 다르다는 것이다.
451 화장세계품은 보현보살의 게송으로, 대정신수대장경으로는 10권, p.51 하단

"비유하자면 도사의

가지가지 색상이 차별함을 보는 것이

중생의 심행心行을 따라 보는 것과 같아서

모든 세계를 보는 것도 또한 그러하다"[452] 하였다.

에 있고, 교림출판사, 화엄 1책, p.321, 2행에 있다.
[452] 모든 세계를 보는 것도 또한 그러하다고 한 마지막 구절은, 여기에 정토와 예토에 걸림이 없다는 제 세 번째 스님의 뜻에 비견할 수 있다.

疏

上之三義에 後一이 近宗이니라

위에 세 가지 뜻[453]에 뒤에 한 가지가 이 화엄의 종지에 가까운[454] 것이다.

鈔

後는 決斷이라 言後一近宗者는 且知刹該淨穢니 卽二四句中之一句라 未窮玄妙일새 故云近宗이라하니라

뒤에는 결단한 것이다.
"뒤에 한 가지가 이 화엄의 종지에 가깝다"고 말한 것은, 또한 세계가 정토와 예토를 다 갖추고 있음을 아는 것이니,
곧 두 가지 사구四句 가운데 한 구절[455]이다.
현묘한 이치를 궁진하지 못하였기에, 그런 까닭으로 "이 화엄의 종지에 가깝다"고만 말한 것이다.

---

453 위에 세 가지 뜻이란, 위에 세 스님의 뜻이다.
454 화엄의 종지에 가깝다고 한 것은, 화엄의 현묘한 이치를 완전히 궁구하여 다 알지 못하였기에 화엄의 종지에 가깝다고만 말하고, 이것이 바로 화엄의 종지라고는 말하지 않았다는 것이다.
455 두 가지 사구四句 가운데 한 구절이란, 『현담』 2권 44책, p.191, 2행에 제 세 번째 숨고 나타나는 것이 걸림이 없다고 한 한 구절이다.

疏

然이나 說此經處는 淨穢無礙하고 通局交徹하니 各二四句니라

그러나 이 『화엄경』을 설한 처소는 정토와 예토가 걸림이 없고,
통하고 국한함이 서로 사무치나니,
여기에 각각 두 가지 사구가 있다.

鈔

然이나 說此經處下는 第三에 句數圓融이라 於中에 有三하니 一은 雙標요 二는 雙釋이요 三은 以麤例細니 初標는 可知라

"그러나 이 『화엄경』을 설한 처소"라고 한 아래는 제 세 번째 구절의 수가 원융한 것이다.
그 가운데 세 가지가 있나니
첫 번째는 함께 표한 것[456]이요,
두 번째는 함께 해석한 것이요,
세 번째는 큰 것으로써 작은 것[457]에 비례한 것이니,
처음 함께 표한 것은 가히 알 수 있을 것이다.

---

456 함께 표한 것이란 두 가지 사구이다.
457 큰 것이란 세계(刹)이고, 작은 것이란 작은 티끌(微塵)이다.

疏

初淨穢中엔 謂或唯染이며 或唯淨이니 如前二義요 或俱니 華藏內 娑婆故요 或泯이니 染淨相이 盡하야 同一法界故라

처음 정토와 예토의 사구 가운데는 말하자면 혹은 오직 염토뿐이며,
혹은 오직 정토[458]뿐이니,
앞에 두 스님의 뜻과 같은 것이요,
혹은 염토와 정토가 함께 있는 것[459]이니,
화장세계 안에[460] 사바세계가 있는 까닭이요,
혹은 염토와 정토가 함께 없는 것[461]이니,
염토와 정토의 모습이 다하여 동일한 법계인 까닭이다.

鈔

初淨穢中下는 二에 雙釋이라 先은 釋染淨二種四句니 前一四句는 以本刹末刹로 相望하야 成四句라 華藏은 爲本刹이니 世尊修因하야 所嚴淨故요 刹種所持世界는 爲末刹이니 應衆生有故라 然이나 末刹 卽狹하고 本刹則寬하며 末通淨穢하고 本刹唯淨이니 若寬狹相望인 댄 自屬通局이어니와 今論淨穢故로 但取末中染刹이니라 前二句는

---

458 오직 염토란 제일구이고, 오직 정토란 제이구이다.
459 염토와 정토가 함께 있다는 것은 제삼구이다.
460 화장세계 운운은 제 세 번째 스님의 뜻이다.
461 염토와 정토가 함께 없다는 것은 제사구이다.

可知라 第三句는 雙明本末일새 故得稱俱니 不同前二의 說華藏에 卽不言娑婆하고 說娑婆에 卽不論華藏이라 今要明華藏之內娑婆니 如一莊嚴城中에 擧一小室耳라 上三은 皆約事明이니라 第四句는 唯約理說이니 若理事相望인댄 則前三句는 皆末이요 第四句는 復爲其本이라 故로 華藏品에 云호대 華藏世界海는 法界等無別이니 莊嚴極淸淨하야 安住於虛空等이라하니라

"처음 정토와 예토의 사구 가운데"라고 한 아래는 두 번째 함께 해석한 것이다.
먼저는 염토와 정토의 두 가지 사구를 해석한 것이니,
앞에 한 가지 사구는 근본의 세계와 지말의 세계로써 서로 바라보아 사구를 이루는 것이다.
화장세계는 근본의 세계가[462] 되는 것이니,
세존이 인행因行을 닦아 장엄하여 청정케 한 까닭이요,
세계종(種)[463]이 부지한 바 세계는 지말의 세계가 되는 것이니,
중생을 응대하여 있는 까닭이다.
그러나 지말의 세계는 곧 좁고,
근본의 세계는 곧 넓으며,
지말의 세계는 정토와 예토에 통하고[464],

---

462 화장세계는 근본의 세계 운운은 도표하면 이렇다.
　　화장세계 - 근본 - 넓다 - 정토 - 통한다
　　사바세계 - 지말 - 좁다 - 정토, 예토 - 통하고 국한함에 다 통한다
463 찰종(세계종)이란, 찰해刹海·찰종·찰진刹塵으로 전전히 나누어진다.

근본의 세계는 오직 정토에만 통하는 것이니,

만약 넓고 좁은⁴⁶⁵ 것으로 서로 바라본다면 스스로 통하고 국한함에 속하거니와, 지금에는 정토와 예토를 논하는 까닭으로 다만 지말의 세계 가운데 염찰染刹⁴⁶⁶만을 취하였을 뿐이다.

앞에 두 구절⁴⁶⁷은 가히 알 수 있을 것이다.

제 세 번째 구절은 근본의 세계와 지말의 세계를 함께 밝히기에 그런 까닭으로 염토와 정토가 함께 있다고 이름함을 얻는 것이니, 앞의 두 구절에서 화장세계를 말함에 곧 사바세계를 말하지 않고 사바세계를 말함에 곧 화장세계를 논하지 않은 것과는 같지 않는 것이다.

지금⁴⁶⁸에는 화장세계 안에 사바세계를 밝히기를 요망하는 것이니, 마치 하나의 장엄한 성⁴⁶⁹ 가운데 하나의 작은 집을 거론한 것과 같다.

이상에 세 구절은 사실을 잡아 밝힌 것이다.

제 네 번째 구절은 오직 진리만을 잡아 말한 것이니,

만약 진리와 사실로써 서로 바라본다면 곧 앞에 세 구절은 다 지말의

---

464 지말의 세계는 정토와 예토에 통한다고 한 것은, 곧 범성동거토凡聖同居土이기에 하는 말이다.
465 넓다는 것은 화장세계(정토)이고, 좁다는 것은 사바세계(예토)이다.
466 염찰이란 예토이니 사바세계이다.
467 앞에 두 구절이란, 一에 오직 염토(예토)와 二에 오직 정토이다.
468 지금이란 제삼구이다.
469 하나의 장엄한 성은 화장세계 정토이고, 하나의 작은 집은 화장세계 이십층 가운데 제십삼층에 있는 사바세계 예토이다.

세계요,

제 네 번째 구절은 오직 그 근본의 세계가 되는 것이다.

그런 까닭으로 화장세계품[470]에 말하기를

"화장세계의 바다는

법계와 평등하여 차별이 없나니,

장엄이 지극히 청정하여

허공에 편안히 머문다" 한 등[471]이다.

---

470 화장세계품은 보현보살의 게송이니, 대정신수대장경으로는 10권, p.51 중단에 있고, 교림은 화엄 1책, p.318에 있다. 『현담』 8권, 탄허본 47책, p.92에도 인용되어 있다.

471 등이란, 차세계해중此世界海中에 찰종난사의刹種難思議로대 일일개자재——皆自在하야 각각무잡란各各無雜亂이로다 한 등을 등취하는 것이다.

疏

又或唯染이니 摩竭等이 覆淨相故요 或唯淨이니 其地金剛으로 染相이 盡故요 或俱니 隱顯無礙故요 或俱非니 各相形奪하야 二相이 盡故니라

또 혹은 오직 염토[472]뿐이니
마갈타국 등이 청정한 모습을 덮어버린 까닭이요,
혹은 오직 정토뿐이니
그 땅이 금강으로 되어 더러운 모습이 다한 까닭이요,
혹은 염토와 정토가 함께 있는 것이니
숨고 나타나는 것[473]이 걸림이 없는 까닭이요,
혹은 염토와 정토가 함께 없는 것이니
각각 서로 모습을 빼앗아 두 가지 모습[474]이 다한 까닭이다.

鈔

又或唯染下는 第二四句니 隨取一刹하야 卽有四句일새 不論本末染淨이요 今正約娑婆染刹上하야 論四句也니 卽前三은 約淨穢虧盈이요 後一은 約相盡理現이니라 若約機說者인댄 染은 就劣機見故요 淨은 就勝機見故요 俱는 約二人同見故니 刹體自在故요 俱非는 約頓

---

472 오직 염토란 제일구이다.
473 정토淨土가 나타나면 염토染土가 숨고, 염토가 나타나면 정토가 숨는 등이다.
474 두 가지 모습이란, 염토와 정토이다.

機故니 亦唯約體故니라

"또 혹은 오직 염토뿐"이라고 한 아래는 제 두 번째 사구이니,
하나의 세계를 취함을 따라 곧 네 구절이 있기에 근본과 지말[475]의 염토와 정토를 논하지 않는 것이요,
지금에는 바로 사바세계에 염토의 분상을 잡아 네 구절을 논한 것이니,
곧 앞에 세 구절은 정토와 예토의 이지러지고 가득 찬[476] 것을 잡은 것이요,
뒤에 한 구절은 모습이 다함에 진리가 나타남을 잡은 것이다.
만약 근기를 잡아 말한다면 염토는 하열한 근기가 봄에 나아간 까닭이요,
정토는 수승한 근기가 봄에 나아간 까닭이요,
염토와 정토가 함께 있는 것은 두 사람[477]이 같이 봄을 잡은 까닭이니 세계 자체가 자재[478]한 까닭이요,
염토와 정토가 함께 없는 것은 돈기頓機를 잡은 까닭이니
또한 오직 자체[479]만을 잡은 까닭이다.

---

475 근본이란 화장세계 정토이고, 지말이란 사바세계 염토이다.
476 이지러진다고 한 것은 숨은 것이고, 가득 찬다고 한 것은 나타난 것이다.
477 두 사람이란, 하열한 근기와 수승한 근기이다.
478 자재란, 소문에는 무애, 즉 걸림이 없다고 하였다. 다시 말하면 염토와 정토가 숨고 나타나는 것이 상관이 없다, 즉 걸림이 없다는 것이다.
479 자체란, 곧 진리, 즉 이理의 입장이니 이곳엔 염토 예토가 애당초 없다.

疏

次에 明通局交徹에 二四句者는

다음에 통하고 국한함이 서로 사무치는 것을 밝힘에 두 가지 사구는

鈔

次에 明通局에 二四句等者는 先標요 後釋이라

"다음에 통하고 국한함이 서로 사무치는 것을 밝힘에 두 가지 사구"라고 한 등은 먼저는 표한 것이요,
뒤에는 해석한 것이다.

疏

謂或局이니 此一界故요 或通이니 該十方故요 或俱니 卽此卽遍故
요 或泯이니 二相이 盡故라

말하자면 혹은 국한한 것이니
이 한 세계뿐인 까닭이요,
혹은 통하는 것이니
시방의 세계를 갖추고 있는 까닭이요,
혹은 통하고 국한함이 함께 있는 것이니
이 세계에 즉하고[480] 시방세계에 두루 즉하는 까닭이요,
혹은 통하고 국한함이 없는 것이니
두 가지 모습이 다한 까닭이다.

鈔

後釋中에 前四句는 約一重平漫以論이요 後四句는 約重重相攝하야
以說이라 又前四는 約以人望處하야 論通局이요 後四는 唯約說處하
야 論通局이니라 前中에 初二句는 唯約相說이니 一은 謂此界七處에
說經이요 二는 謂十方諸刹에 齊說이요 三은 以相隨性故로 卽一能遍
이니 如光明覺品이라 彼云호대 如此處에 見佛世尊이 坐蓮華藏師子
之座하야 十方一切諸世界中에 各有百億閻浮提의 百億如來도 亦如

---

[480] 원문에 즉차卽此의 차란 이 사바세계이고, 즉변卽遍의 변이란 시방세계이다.

是坐라하니 此는 明一會가 卽遍一切요 非是彼處에 各別有佛이니라
四는 卽歸理平等이라

뒤에 해석한 가운데 앞에 네 구절은 일중一重으로 평평하고 넓은 것을 잡아 논한 것이요,
뒤에 네 구절481은 중중重重으로 서로 섭수함을 잡아 말한 것이다.
또 앞에 네 구절은 사람으로서 처소를 바라봄을 잡아 통하고 국한함을 논한 것이요,
뒤에 네 구절은 오직 설한 처소만을 잡아 통하고 국한함을 논한 것이다.
앞에 네 구절 가운데 처음에 두 구절은 오직 모습만을 잡아 설한 것이니
첫 번째는 말하자면 이 세계의 칠처에서 『화엄경』을 설한 것이요,
두 번째는 말하자면 시방의 모든 세계에서 다 같이 『화엄경』을 설한 것이요,
세 번째는 모습으로써 자성을 따르는 까닭으로 이 한 세계에 즉하여 능히 시방세계에 두루하는 것이니,
광명각품482에서 말한 것과 같다.
저 광명각품에 말하기를 "이곳에서 부처님 세존이 연화장 사자의 자리에 앉아 있음을 보는 것과 같아서,

---

481 뒤의 네 구절이란, 10행에 또 혹은 국한한 것이니 이 세계가 운운한 것이다.
482 광명각품이란, 장행문이니 대정신수대장경으로는 10권, p.62 중단에 있다.

시방의 일체 모든 세계 가운데 각각 백억 염부제에 백억 여래도 또한 이와 같이 앉아 있음을 본다" 하였으니,
이것은 한 회(一會)가 곧 일체 처소에 두루함을 밝힌 것으로 저곳에 각각 따로 부처님이 있다는 것은 아니다.
네 번째는 곧 진리에 돌아가 평등한 것이다.

疏

又或局이니 此界가 攝一切故요 或通이니 此入一切故요 或俱니 卽攝卽入故요 或泯이니 形奪相盡故라

또 혹은 국한한 것이니
이 세계가 일체 처소를 섭수하는 까닭이요,
혹은 통하는 것이니
이 세계가 일체 처소에 들어가는 까닭이요,
혹은 국한하고 통하는 것이 함께 있는 것이니
일체 처소를 섭수함에 즉하고 일체 처소에 들어감에 즉하는 까닭이요,
혹은 국한하고 통하는 것이 함께 없는 것이니
모습을 빼앗아 두 가지 모습이[483] 다한 까닭이다.

鈔

後四句中에 初一은 約廣容門이니 事含於理하야 無礙故로 令一界卽理하야 能攝一切요 二는 約普遍門이니 事如理遍일새 令此一界로 隨所依理하야 入一切刹이요 三은 廣容이 卽普遍故로 正攝之時에 便能徧入이니 於此二門에 無異體故요 四는 泯同平等門이니 法界之中에 俱不可得故니라

---

[483] 이 구절은 p.191, 2행에 각각 서로 모습을 빼앗아 두 가지 모습이 다한 까닭이라고 한 것과 같다 하겠다. 단, 여기는 통과 국의 말이고 앞에서는 염과 정에 대한 말만 다를 뿐이다.

뒤에 네 구절 가운데 처음에 한 가지는 널리 용납하는 문門을 잡은 것이니,

사실이 진리를 포함하여 걸림이 없는 까닭으로 한 세계로 하여금 진리에 즉하여 능히 일체 세계를 섭수케 하는 것이요.

두 번째는 널리 두루하는 문을 잡은 것이니,

사실이 진리와 함께 두루하기에 이 한 세계로 하여금 의지하는 바 진리를 따라 일체 세계에 들어가게 하는 것이요.

세 번째는 널리 용납하는 것이 널리 두루함에 즉하는 까닭으로 바로 섭수할 때 곧 능히 두루 들어가는 것이니,

이 위의 두 가지 문에 다른 자체가 없는 까닭이요.

네 번째는 함께 없어져 다 같이 평등한 문이니,

법계 가운데는 함께 가히 얻을 수 없는 까닭이다.

疏

又以一塵例刹에 亦有四句하니 可知니라

또 하나의 미진으로써 세계를 비례함에 또한 네 구절이 있나니, 가히 알 수 있을 것이다.

鈔

又以一塵下는 三에 以麤例細也니 引文은 如前依正融通中說하니라

"또 하나의 미진"이라고 한 아래는 세 번째 큰 것으로써 작은 것에 비례한 것이니,
인용한 경문은 앞에 의보와 정보가 융통하다고 한 가운데 말한 것[484]과 같다.

---

[484] 앞에 의보와 정보가 융통하다고 한 가운데 말한 것이란, 44책, p.154, 3행에 융통이라 과목한 것이니, 그 초문에 제육경의 보명혜보살 게송과 세계성취품 등 다양하게 인용하였다.

疏

若從陜至寬인댄 略顯十處니

만약 좁은 것으로 좇아 넓은 것에 이른다[485]면
간략하게 열 가지 처소로 나타내리니

鈔

若從狹至寬인댄 略顯十處下는 第四에 別明處異中에 文分爲六호리니 一은 標數요 二에 初此下는 別釋이요 三에 然上下는 總結이요 四에 然說十住下는 釋妨이요 五에 十餘佛同者下는 隨難重釋이요 六에 又上十處下는 總融十義라 初標數는 可知로다

"만약 좁은 것으로 좇아 넓은 것에 이른다면 간략하게 열 가지 처소를 나타낸다"고 한 아래는 제 네 번째 처소가 다름을 따로 밝히는 가운데 소문을 나누어 여섯 가지로 하리니,
첫 번째는 처소의 수를 한꺼번에 표한 것이요,
두 번째 "처음에는 이 염부제"라고 한 아래는 따로 해석한 것이요,
세 번째[486] "그러나 위에 열 가지 유형"이라고 한 아래는 모두 맺는

---

485 만약 좁은 것으로 좇아 넓은 것에 이른다고 한 것은 44책, p.56, 5행을 참고하라. 좁다는 것은 이 염부제(사바세계)이고, 넓다고 한 것은 법계이다. 또 좁다고 한 것은 한 세계이고, 넓다고 한 것은 수많은 세계 등이다.
486 44책, p.199, 10행이다.

것이요,

네 번째[487] "그러나 십주를 설한 등"이라고 한 아래는 방해함을 해석한 것이요,

다섯 번째[488] "열 번째 나머지 부처님도 같다"고 한 아래는 비난함을 따라 거듭 해석한 것이요,

여섯 번째[489] "또 위에 열 가지 처소"라고 한 아래는 열 가지 처소의 뜻을 모두 융합한 것이다.

처음에 처소의 수를 한꺼번에 표한 것은 가히 알 수 있는 것이다.

---

[487] p.200, 1행이다.
[488] p.202, 10행이다.
[489] p.204, 말행이다.

疏

初는 此閻浮七處九會가 而周法界니 如升須彌品이요 二는 周百億同類一界도 亦遍法界니 如光明覺品이요 三은 遍異類樹形等刹이요 四는 遍刹種이요 五는 遍華藏이요 六은 遍餘刹海의 若種若刹이요 七은 遍前六類刹塵에 皆有同異類刹이요 八은 盡虛空界의 容一一毛端之處에 各有無邊刹海요 九는 猶帝網이요 十은 餘佛同이니라

처음에는 이 염부제의 칠처七處에 구회九會가 법계에 두루한[490] 것이니 승수미산정품과 같은 것이요,

두 번째는 백억세계에 두루 있는 동류의 한 세계도 또한 법계에 두루한 것이니

광명각품과 같은[491] 것이요,

세 번째는 이류의 나무 형상(樹形) 등 세계에 두루한 것이요,

네 번째는 세계 가운데 있는 종種의 세계에 두루한 것이요,

다섯 번째는 화장세계에 두루한 것이요,

여섯 번째는 나머지 세계 바다에 혹 종種의 세계와 혹 그 세계에

---

490 이 염부제의 칠처七處에 구회九會가 법계에 두루하다고 한 것은, 보리수 아래를 떠나지 않고 칠처구회의 설법을 온 법계에 펼쳤다는 뜻이니, 승수미산정품에서 보리수 아래를 떠나지 않고 수미산 정상에 오르셨다는 등의 뜻이다. 도리천은 수미산 정상에 있다. 44책, p.55.2행과 5행 등을 보라. 그리고 차하此下 초문에도 있다.

491 광명각품은 역시 차하 초문에 있다.

두루한 것이요,

일곱 번째는 앞에 여섯 가지 유형의 세계에 두루 있는 미진에 다 동류와 이류의 세계가 있는 것이요,

여덟 번째는 모든 허공계의 낱낱 털끝을 용납하는 처소에 각각 끝없는 세계의 바다가 있는 것이요,

아홉 번째는 제석궁의 그물과 같은 것이요,

열 번째는[492] 나머지 부처님도 이와 같은 것이다.

鈔

二中에 然其十名이 與旨歸로 小有不同하니 旨歸에 云호대 初는 此閻浮요 二는 周百億이요 三은 盡十方이요 四는 遍塵道요 五는 通異界요 六은 該刹塵이요 七은 歸華藏이요 八은 重攝刹이요 九는 猶帝網이요 十은 餘佛同이라하니 今疏가 所以不同彼者는 以歸華藏은 卽前染淨無礙일새 故不立之라 故로 旨歸文에 云호대 事盡理現에 染相이 盡故라하니라 其該刹塵과 與遍塵道는 並皆是塵일새 故로 第七中攝이니라 八에 重攝刹者는 亦名華藏中塵이 一一攝餘刹海니 亦不異於第六刹塵일새 故並略之하고 而加四五六하야 以成十義니라 彼三은 卽此八이요 彼五는 卽此三이니 此亦賢首略疏之中의 光明覺品中意를 參而用之耳니라

두 번째 따로 해석한 가운데 그러나 그 열 가지 이름이 『화엄지귀』로

---

492 44책, p.202, 10행이다.

더불어 조금 같지 아니함이 있나니, 『화엄지귀』에 말하기를
"처음에는 이 염부제요,
두 번째는 백억세계에 두루한 것이요,
세 번째는 시방세계를 다한 것이요,
네 번째는 미진의 도道에 두루한 것이요,
다섯 번째는 다른 세계에 통하는 것이요,
여섯 번째는 세계에 미진을 갖추는 것이요,
일곱 번째는 화장세계에 돌아가는 것이요,
여덟 번째는 중중으로 세계를 섭수하는 것이요,
아홉 번째는 제석궁의 그물과 같은 것이요,
열 번째는 나머지 부처님도 이와 같은 것이다" 하였으니,
지금에 소문이 저 『화엄지귀』와 같지 않는 까닭은 저 『화엄지귀』에
"화장세계[493]에 돌아간다"고 한 것은 이 앞에 "염토와 정토가 걸림이 없다"[494] 한 것에 즉하기에 그런 까닭으로 달리 세우지 아니하였다. 그런 까닭으로 『화엄지귀』의 글에 말하기를 "사실이 다하고 진리가 나타남에 더러운 모습이 다하는 까닭이다" 하였다.
그 세계에 미진을 갖춘다고 한 것과 더불어 미진의 도에 두루한다고 한 것[495]은 모두 다 미진이기에 제 일곱 번째[496] 가운데 섭속하는

---

493 『화엄지귀』의 제 일곱 번째이다.
494 앞에 "염토와 정토가 걸림이 없다"고 한 것은, 44책, p.189, 9행의 소문에 정토와 예토가 걸림이 없다 한 것이니 염 자와 예 자만 다를 뿐이다.
495 그 세계에 미진을 갖춘다고 한 것은 『화엄지귀』의 제 여섯 번째이고, 미진의 도에 두루한다고 한 것은 『화엄지귀』의 제 네 번째이다.

것이다.

여덟 번째[497] "중중으로 세계를 섭수한다"고 한 것은 또한 화장세계 가운데 미진이 낱낱이 다른 세계의 바다를 섭수함을 밝힌 것이니, 또한 제 여섯 번째[498] 세계의 미진과 다르지 않기에 그런 까닭으로 아울러 생략하고 네 번째와 다섯 번째와 여섯 번째[499]를 더하여 열 가지 뜻을 이룬 것이다.

저 지귀의 제 세 번째는 곧 여기의 제 여덟 번째요,

저 지귀의 제 다섯 번째는 곧 여기의 제 세 번째이니,

이것은 또한 현수스님의 『화엄경약소』 가운데 광명각품의 소문 가운데 뜻을 참고하여 인용하였을 뿐이다.

言如昇須彌品者는 此文은 爲證七處가 而周法界之言이니 文에 云호대 爾時世尊이 不離一切菩提樹下코 而上昇須彌하사 向帝釋殿이라 하고 下云호대 十方世界도 悉亦如是라하며 法慧偈에 云호대 一切閻浮提에 皆言佛在中어니와 我等今見佛이 住於須彌頂이라 十方悉亦然하야 如來自在力이라하니 皆遍法界之文也니라 七處皆爾로대 文中에 但三賢三天에 言不起而遍하니 義如下疏하니라

---

496 여기 제 일곱 번째란, 청량스님의 제 일곱 번째 앞에 여섯 가지 유형의 세계에 두루 있는 미진에 동류와 이류의 세계가 있다 한 것이다.

497 여덟 번째는 『화엄지귀』의 제 여덟 번째이다.

498 여섯 번째는 『화엄지귀』의 제 여섯 번째이다.

499 네 번째, 다섯 번째, 여섯 번째는 『화엄지귀』의 네 번째와 다섯 번째와 여섯 번째이다.

승수미산정품과 같다고 말한 것은 이 경문은 칠처가 법계에 두루한다는 말을 증거한 것이니,
그 경문[500]에 말하기를 "그때에 세존이 일체 보리수 아래를 떠나지 않고 위로 수미산 정상에 올라 제석궁전을 향하신다" 하시고,
그 아래 말하기를[501] "시방의 세계도 다 또한 이와 같다" 하였으며,
법혜보살게송[502]에 말하기를
"일체 염부제에
다 부처님이 그 가운데 있다 말하거니와,

우리 등은 지금 부처님이
수미산 정상에 머무심을 본다.
시방의 세계도 다 또한 그러하나니
여래의 자재한 힘이다" 하였으니,
다 법계에 두루한다는 경문이다.
칠처가 다 그러하지만 경문 가운데는 다만 삼현三賢의 삼천三天[503]에

---

500 그 경문이란, 승수미산정품으로 영인본 5책, p.436에 있나니 44책, p.55, 5행에 이미 인용하였다.

501 그 아래 말하였다는 것은 역시 수미산정품이다.

502 법혜보살게송은 수미정상게찬품이니, 일체 염부제라는 말 이전에, 불자여응관佛子汝應觀 여래자재력如來自在力이라는 두 구절이 있다. 번역하면 "불자여, 그대는 응당 여래의 자재한 힘을 관찰하라"라는 뜻이다.
역시 이 게송도 44책, p.55, 6행에 이미 인용하였다. 단 앞에서는 앞에 두 구절도 함께 인용하였다.

503 삼현三賢의 삼천三天이란,

서만 보리수 아래서 일어나지 않고 두루한다 말하였으니,
그 뜻은 아래 소문504에서 말하는 것과 같다.

言如光明覺品者는 此證百億이 遍法界하고 法界에 皆有同類一界하
니 言同類者는 同有須彌大海와 鐵圍四洲와 二十八天하야 各有百億
일새 故名同也니라 故로 彼經에 云호대 如是無數無量하고 無邊無等
하고 不可數不可稱하고 不可思不可量하고 不可說한 盡法界虛空界
에 所有世界의 南西北方과 四維上下도 亦復如是하며 彼一一世界中
에 皆有百億閻浮提와 乃至百億色究竟天하야 其中所有가 悉皆明
現하며 彼一一閻浮提中에 悉見如來가 坐蓮華藏師子之座하고 十佛
刹微塵數菩薩이 所共圍繞라하니 揀唯閻浮일새 故云百億이요 揀下
異類일새 故云同類一界라하니라

광명각품과 같다고 말한 것은 이것은 백억세계가 법계에 두루하고
그 법계에 동류의 한 세계가 있음을 증거한 것이니,
동류라고 말한 것은 수미산과 대해大海와 철위산과 사주四洲와 이십
팔천505이 똑같이 있어 각각 백억세계가 있기에 그런 까닭으로 동류라

도리천 - 십주를 설함
야마천 - 십행을 설함
도솔천 - 십회향을 설함

504 아래 소문이란, 44책, p.200, 1행의 소문이다. 그러나 3행의 초문이 더
적나라하게 현시하고 있다.
505 이십팔천이란 삼계 이십팔천이니, 욕계 육천과 색계 십팔천과 무색계 사천

이름하는 것이다.

그런 까닭으로 저 광명각품 경문[506]에 말하기를 "이와 같이 수도 없고, 양도 없고, 끝도 없고, 같을 수도 없고, 가히 헤아릴 수도 없고, 가히 이름할 수도 없고, 가히 사의할 수도 없고, 가히 측량할 수도 없고, 가히 말할 수도 없는 모든 법계와 허공계에 있는 바 세계의 남방과 서방과 북방과 사유와 상하도 또한 다시 이와 같으며, 저 낱낱 세계 가운데 다 백억의 염부제와 내지 백억의 색구경천이 있어 그 가운데 있는 바가 다 밝게 나타나며,

저 낱낱 염부제 가운데 다 여래가 연화장 사자의 자리에 앉아 있고, 열 부처님의 세계에 미진수 보살이 함께 에워싸고 있음을 본다" 하였으니,

오직 염부제만을 가리기에 그런 까닭으로 백억이라 말한 것이요, 아래 이류의 세계[507]를 가리기에 그런 까닭으로 동류의 한 세계라 말한 것이다.

言三遍異類樹形等刹者는 上二는 皆略釋이요 下八은 唯列名而已라 而言等者는 等取江河迴轉形等이니 經列二十形하고 結有不可說不可說한 佛刹微塵數異類호대 一一流類가 皆遍十方虛空法界하야 與前須彌界等으로 互不相礙하니 各於其中에 轉斯法輪이라하니라

이다.
506 원문에 피경彼經이란 광명각품이다.
507 아래 이류의 세계란, 바로 아래 제 세 번째이다.

세 번째 "이류의 나무 형상 등 세계에 두루한다"고 말한 것은 위에 두 가지는 다 간략하게 해석하였고 아래 여덟 가지는 오직 이름만 열거하였을 뿐이다.

"등"이라고 말한 것은 강과 내의 형상과 회전回轉의 형상 등을 등취한 것이니,

경문에 스무 가지 형상을 열거하고[508] 맺어 말하기를 "가히 말할 수 없고 가히 말할 수 없는 부처님 세계의 작은 티끌 수만치 많은 이류의 세계가 있지만, 낱낱 이류가 다 시방의 허공 법계에 두루하여

---

[508] 경문에 스무 가지 형상을 열거했다고 한 것은 화장세계품의 말이니, 『회현기』 p.163에 있다. 『현담』 1권, 탄허본 44책, p.60, 5행에 이미 말한 바 있다. 스무 가지 형상이란 교림출판사본 1권, p.258, 1행에 있다. 갖추어 말하면 "모두 불자야, 저 일체 세계종이 혹 수미산의 형상을 한 것이 있으며, 혹 강의 형상을 한 것이 있으며, 혹 회진回轉의 형상을 한 것이 있으며, 혹 물이 돌아 흐르는 형상을 한 것이 있으며, 혹 수레의 바퀴테 형상을 한 것이 있으며, 혹 제단의 형상을 한 것이 있으며, 혹 나무의 형상을 한 것이 있으며, 혹 누각의 형상을 한 것이 있으며, 혹 산당山幢의 형상을 한 것이 있으며, 혹 넓은 방소의 형상을 한 것이 있으며, 혹 태장胎藏의 형상을 한 것이 있으며, 혹 연꽃의 형상을 한 것이 있으며, 혹 가륵가佉勒迦의 형상을 한 것이 있으며, 혹 중생의 몸 형상을 한 것이 있으며, 혹 구름의 형상을 한 것이 있으며, 혹 모든 부처님 상호의 형상을 한 것이 있으며, 혹 원만한 광명의 형상을 한 것이 있으며, 혹 가지가지 진주그물의 형상을 한 것이 있으며, 혹 일체 문門의 형상을 한 것이 있으며, 혹 모든 장엄구의 형상을 한 것이 있나니 이와 같은 등을 만약 널리 설한다면 세계의 바다 미진수같이 많이 있다" 하였다. 따라서 초문에 결유불가설結有不可說 이하는 뜻으로 인용한 것이다.

앞의 수미세계 등[509]으로 더불어 서로 서로 걸림이 없나니,
각각 그 가운데서 이 법륜을 전한다" 하였다.

言四遍刹種者는 向明異類는 且擧百億中異類일새 故今方明刹種
이라 然異類言은 雖通華藏이나 言總意別이라 而言遍刹種者는 卽取
最中無邊妙華光의 香水海中에 普照十方하는 熾然寶光明의 世界
種이니 其中에 攝二十重의 佛刹微塵數요 結有不可說한 佛刹微塵數
世界가 於中布列이라하니 今遮那도 亦遍其中이니라

네 번째 "세계 가운데 있는 종의 세계에 두루한 것"이라고 말한
것은, 향전에 밝힌 이류의 세계는 우선 백억세계 가운데 이류의
세계만을 거론하였기에 그런 까닭으로 지금에 바야흐로 세계 가운데
있는 종의 세계를 밝힌 것이다.
그러나 이류의 세계라고 말한 것은 비록 화장세계에 통한다고 말하
지만 그 말은 총으로 한 것일 뿐 그 뜻은 다른 것[510]이다.
세계 가운데 있는 종의 세계에 두루한다고 말한 것은 곧 가장 가운데
있는 끝없는 묘한 꽃, 광명의 향수해 가운데 널리 시방을 비추는
치연한 보배광명[511]의 세계종種을 취한 것이니,

---

509 앞의 수미세계 등이란 스무 가지 형상의 세계이다.
510 그 말은 총으로 했다는 것은, 말은 모두 비록 화장세계에 통한다고 한다는
   것이다.
   그 뜻은 다르다는 것은, 큰 세계·작은 세계·이류의 세계를 따로 취한다는
   것이다. 44책, p.194, 말행을 참고하라.

그 가운데 이십중二十重[512]의 부처님 세계에 작은 티끌 수만치 많은 세계를 섭수하고,
맺어 말하기를 "가히 말할 수 없는 부처님의 세계에 작은 티끌 수만치 많은 세계가 그 가운데 차례로 펼쳐져 있다"[513] 하였으니,
지금에 비로자나도[514] 또한 그 가운데 두루하여 있는 것이다.

言五遍華藏者는 謂遍華藏一界에 有前十不可說한 佛刹微塵數의 世界種하니 旣皆如來修因之所嚴淨일새 故로 常處其中하야 而演說法이니라

다섯 번째 "화장세계에 두루한다"고 말한 것은, 말하자면 화장의 한 세계에 앞의[515] 열 곱으로 가히 말할 수 없는 부처님의 세계에

---

511 시방을 비추는 보배광명이라고 한 것은 교림출판사본 1권, p.261, 5행이다. 갖추어 말하면 "모든 불자야, 이 가장 중앙에 있는 향수해는 이름이 끝없는 묘한 꽃 광명이다. 일체 보살의 형상을 나타내는 마니왕 당기로써 바닥이 되었으며 큰 연꽃이 나왔으니 이름이 일체 향기 나는 마니왕 장엄이고, 세계종이 있어 그 위에 머무나니 이름이 널리 시방을 비추는 치연한 보배광명이다. 일체 장엄구로써 자체가 되어 열 곱으로 가히 말할 수 없는 부처님의 세계에 작은 티끌 수만치 많은 세계가 그 가운데 펼쳐져 있다" 하였으니, 아래 열 곱으로 가히 말할 수 없는 운운은 맺는 말이다.
위에 초문의 인용은 간략하게 인용한 것이다.
512 이십중이란, 이미 말한 것처럼 화장세계는 이십중이고 그 가운데 사바세계는 십삼층에 있고 그곳의 부처는 비로자나 여래 세존이라 했다.
513 교림출판사본 1권, p.261, 8행에 있으니, 위에 인용한 문장에 현시하였다.
514 지금에 운운은, 소가의 말이다.

작은 티끌 수만치 많은 세계종이 있음에 두루한 것이니,
이미 다 여래가 인행을 닦아 장엄하여 청정케 한 바이기에 그런
까닭으로 항상 그 가운데 거처하여 법을 연설하는 것이다.

言六遍餘刹海若種若刹者는 卽華藏之外에 十方無間한 窮盡法界
之刹海가 例如華藏也니 如第六卷現相品에 說호대 華藏世界海東에
有世界海하니 名淸淨光蓮華莊嚴이요 南은 名一切寶月光明莊嚴藏
이요 西는 名可愛樂寶光明이요 北은 名毘瑠璃蓮華光圓滿藏이요 東
北은 名閻浮檀金玻璃色幢이요 東南은 名金莊嚴璃瑠光普照요 西
南은 名日光遍照요 西北은 名寶光照曜요 下方은 名蓮華香妙德藏이
요 上方은 名摩尼寶照曜莊嚴이라하고 結云호대 十億佛刹微塵數等
이라호미 是也니라

여섯 번째 "나머지 세계 바다에 혹 종의 세계와 혹 그 세계에 두루한다"
고 말한 것은 곧 화장세계 밖에 시방의 간격이 없는 모든 법계의
세계 바다를 다한 것이 그 예가 화장세계와 같나니,
제육권의 여래현상품에 말하기를 "화장세계의 바다 동쪽에 세계의
바다가 있으니,
이름이 청정한 광명의 연꽃으로 장엄(淸淨光蓮華莊嚴)한 것이요,
남방에 세계의 바다가 있으니
이름이 일체 보배 달의 광명으로 장엄한 창고(一切寶月光明莊嚴藏)요,

---

515 앞이란 불찰미진수 세계이다. 여기는 불찰미진수 세계종이다.

서방에 세계의 바다가 있으니
이름이 가히 사랑하고 좋아하는 보배 광명(可愛樂寶光明)이요,
북방에 세계의 바다가 있으니
이름이 비유리 연꽃 광명이 원만한 창고(毘瑠璃蓮華光圓滿藏)요,
동북방에 세계의 바다가 있으니
이름이 염부단금의 파리색 당기(閻浮檀金玻璃色幢)요,
동남방에 세계의 바다가 있으니
이름이 황금으로 장엄한 유리광명이 널리 비추(金莊嚴瑠璃光普照)는 것이요,
서남방에 세계의 바다가 있으니
이름이 태양의 광명이 두루 비추(日光徧照)는 것이요,
서북방에 세계의 바다가 있으니
이름이 보배광명으로 비추(寶光照曜)는 것이요,
하방에 세계의 바다가 있으니
이름이 연꽃 향기의 묘한 공덕의 창고(蓮華香妙德藏)요,
상방에 세계의 바다가 있으니
이름이 마니 보배로 비추어 장엄(摩尼寶照曜莊嚴)한 것이다"하고, 맺어 말하기를 "십억 부처님의 세계에 작은 티끌 수라"한 등과 같은 것이 이것이다.

言七遍前六類刹塵者는 前之六段은 各是一類니 此上諸刹은 皆以塵成하고 一一塵中에 皆有佛刹하니 如來가 於彼塵內刹中에 說經이라 故로 華藏品에 云호대 華藏世界所有塵의 一一塵中見法界라하니

法界도 尙見이어든 何況刹耶아 又云호대 一一塵內難思刹에 隨衆生心各別住라하며 又云호대 如於此會見佛座하야 一切塵中悉如是라 하니 其文이 非一이니라

일곱 번째 "앞에 여섯 가지 유형의 세계에 두루 있는 미진"이라고 말한 것은, 앞에 육단은 각각 한 유형의 세계이니,
이 위에 모든 세계는 다 미진으로써 이루어져 있고, 낱낱 미진 가운데 다 부처님의 세계가 있나니,
여래가 저 미진 안의 세계 가운데서 이 경을 설하는 것[516]이다.
그런 까닭으로 화장세계[517]품에 말하기를
"화장세계에 있는 바 티끌의
낱낱 티끌 가운데 법계를 본다" 하였으니,
법계도 오히려 보거든 어찌 하물며 세계이겠는가.
또 세계성취품에 말하기를
"낱낱 티끌 안의[518] 사의하기 어려운 세계에

---

516 여래가 저 미진 안의 세계 가운데서 이 경을 설한다고 한 것은, 능엄경에 미진 속에 앉아서 대법륜을 굴린다(좌미진리坐微塵裡 전대법륜轉大法輪)고 한 것과 같다 하겠다.

517 화장세계 운운은 보현보살의 게송으로, 이 아래 두 구절이 더 있나니 "보광현불여운집寶光現佛如雲集하니 차시여래찰자재此是如來刹自在니라" 한 것이다. 『현담』 8권, 탄허본 44책, p.92에도 인용하고 있다.

518 또 말하기를 낱낱 티끌 안이라 운운한 것은 세계성취품 보현보살의 게송이니, 일구一句에 찰刹 자는 불佛 자로 되어 있고, 이구二句에 각각 따로 머문다는 각별주各別住의 글자는 보현전普賢前이라고 되어 있다. 아래 두 구절이 더

서방에 세계의 바다가 있으니

이름이 가히 사랑하고 좋아하는 보배 광명(可愛樂寶光明)이요,

북방에 세계의 바다가 있으니

이름이 비유리 연꽃 광명이 원만한 창고(毘瑠璃蓮華光圓滿藏)요,

동북방에 세계의 바다가 있으니

이름이 염부단금의 파리색 당기(閻浮檀金玻璃色幢)요,

동남방에 세계의 바다가 있으니

이름이 황금으로 장엄한 유리광명이 널리 비추(金莊嚴瑠璃光普照)는 것이요,

서남방에 세계의 바다가 있으니

이름이 태양의 광명이 두루 비추(日光徧照)는 것이요,

서북방에 세계의 바다가 있으니

이름이 보배광명으로 비추(寶光照曜)는 것이요,

하방에 세계의 바다가 있으니

이름이 연꽃 향기의 묘한 공덕의 창고(蓮華香妙德藏)요,

상방에 세계의 바다가 있으니

이름이 마니 보배로 비추어 장엄(摩尼寶照曜莊嚴)한 것이다" 하고, 맺어 말하기를 "십억 부처님의 세계에 작은 티끌 수라" 한 등과 같은 것이 이것이다.

言七遍前六類刹塵者는 前之六段은 各是一類니 此上諸刹은 皆以塵成하고 一一塵中에 皆有佛刹하니 如來가 於彼塵內刹中에 說經이라 故로 華藏品에 云호대 華藏世界所有塵의 一一塵中見法界라하니

法界도 尙見이어든 何況刹耶아 又云호대 一一塵內難思刹에 隨衆生心各別住라하며 又云호대 如於此會見佛座하야 一切塵中悉如是라 하니 其文이 非一이니라

일곱 번째 "앞에 여섯 가지 유형의 세계에 두루 있는 미진"이라고 말한 것은, 앞에 육단은 각각 한 유형의 세계이니,
이 위에 모든 세계는 다 미진으로써 이루어져 있고, 낱낱 미진 가운데 다 부처님의 세계가 있나니,
여래가 저 미진 안의 세계 가운데서 이 경을 설하는 것[516]이다.
그런 까닭으로 화장세계[517]품에 말하기를
"화장세계에 있는 바 티끌의
낱낱 티끌 가운데 법계를 본다" 하였으니,
법계도 오히려 보거든 어찌 하물며 세계이겠는가.
또 세계성취품에 말하기를
"낱낱 티끌 안의[518] 사의하기 어려운 세계에

---

[516] 여래가 저 미진 안의 세계 가운데서 이 경을 설한다고 한 것은, 능엄경에 미진 속에 앉아서 대법륜을 굴린다(좌미진리坐微塵裡 전대법륜轉大法輪)고 한 것과 같다 하겠다.

[517] 화장세계 운운은 보현보살의 게송으로, 이 아래 두 구절이 더 있나니 "보광현불여운집寶光現佛如雲集하니 차시여래찰자재此是如來刹自在니라" 한 것이다. 『현담』 8권, 탄허본 44책, p.92에도 인용하고 있다.

[518] 또 말하기를 낱낱 티끌 안이라 운운한 것은 세계성취품 보현보살의 게송이니, 일구一句에 찰刹 자는 불佛 자로 되어 있고, 이구二句에 각각 따로 머문다는 각별주各別住의 글자는 보현전普賢前이라고 되어 있다. 아래 두 구절이 더

부처님이 중생의 마음을 따라 각각 따로 머문다" 하였으며,
또 세주묘엄품에 말하기를
"이 회중에서[519] 부처님이 앉아 계심을 보는 것과 같아서
일체 티끌 가운데서도 다 이와 같이 본다" 하였으니,
그 경문이 하나가 아니다.

言八盡虛空界의 容一一毛端之處에 各有無邊刹海者는 此는 不論 成刹之塵이요 但取容塵之處가 兼於空矣니 如二界中間에 空無有 物이 亦是容塵之處라 今取遍法界虛空界의 有刹無刹과 有塵無塵 의 但可容塵之處에 卽有無邊同類異類의 一切刹等하야 如來於此에 常轉法輪이라 阿僧祇品에 云호대 一毛端處所有刹도 其數無量不可 說이요 盡虛空量諸毛端에 一一處刹悉如是로다 彼毛端處諸國土에 無量種類差別住하니 有不可說異類刹이요 有不可說同類刹이로다 不可言說毛端處에 皆有淨刹不可說이요 種種莊嚴不可說이요 種種 奇妙不可說이라하니 如是等文이 其證非一이니라 而言於中說法者 는 彼次頌에 云호대 於彼一一毛端處에 演不可說諸佛名하니 出妙音 聲不可說이요 轉正法輪不可說이로다 於彼一一法輪中에 演修多羅

있나니 "일체찰해미부주一切刹海靡不周시니 여시방편무차별如是方便無差別
이로다" 한 것이다.

519 또 말하기를 이 회중에서라고 운운한 것은 세주묘엄품 보현보살의 게송이다.
이 아래 두 구절이 더 있나니 "불신무거역무래佛身無去亦無來로대 소유국토개
명현所有國土皆明現이니라" 한 것이다. 『현담』 8권, 탄허본 47책, p.118에도
인용하고 있다.

不可說이요 於彼一一修多羅에 分別法門不可說이로다 於彼一一法門中에 又說諸法不可說이요 於彼一一諸法中에 調伏衆生不可說 等이라하니라

여덟 번째 "모든 허공계의 낱낱 털끝을 용납하는 처소에 각각 끝없는 세계의 바다가 있다"고 말한 것은 이것은 세계를 이루는 티끌을 논한 것이 아니고,
다만 티끌을 용납하는 처소가 저 허공을 겸[520]하고 있는 것만 취한 것이니,
두 세계[521]의 중간에 공하여 한 물건도 없는 것이 또한 이 티끌을 용납하는 처소와 같다.
지금에는 온 법계와 허공계에 세계가 있고 세계가 없는 것과, 티끌이 있고 티끌이 없는 것에 다만 가히 티끌을 용납하는 곳에 끝없는 동류와 이류의 일체 세계가 있는 등에 두루하여 여래가 이곳에서 항상 법륜을 전한다고 한 것만 취하였다.
아승지품 게송에 말하기를

"한 털끝 처소[522]에 있는 바 세계도
그 수가 한량이 없어 가히 말할 수 없고,
모든 허공계의 양과 같은 모든 털끝에

---

520 겸兼이라는 글자가 어떤 본에는 변徧자로 된 곳도 있다.
521 두 세계란 사바세계(예토)와 화장세계(정토)이다.
522 이 일송一頌은 의보가 자재함을 읊은 것이다.

낱낱 처소의 세계도 다 이와 같다.

저 털끝 처소[523]의 모든 국토에
한량없는 종류의 차별한 세계가 머무나니,
가히 말할 수 없는 이류의 세계가 있고,
가히 말할 수 없는 동류의 세계가 있다.

가히 말할 수 없는 털끝 처소에
다 청정한 세계가 있는 것도 가히 말할 수 없고,
가지가지로 장엄한 세계도 가히 말할 수 없고,
가지가지로 기묘한 세계도 가히 말할 수 없다" 하였으니,

이와 같은 등의 경문이 그 증거가 하나가 아니다.
"그 가운데 법을 설한다"고 말한 것[524]은 저 아승지품 이 다음 게송[525]에 말하기를

---

523 이 일송은 의보와 정보가 서로 융통함을 읊은 것이다.
524 "그 가운데 법을 설한다"고 말한 것이란, 44책, p.198, 1행에 세계 가운데 이 경을 설한다(刹中說經)고 한 것과 p.198, 8행에 여래가 이곳에서 항상 법륜을 전한다(如來於此 常轉法輪)고 한 것이다.
525 원문에 피차송彼次頌이란, 바로 위에 인용한 아승지품 게송 바로 다음 게송이다.
피彼란 아승지품을 가리키고, 차次란 위에 인용한 아승지품 다음이라는 것이다.

"저 낱낱 털끝 처소에
가히 말할 수 없는 모든 부처님의 이름을 연설하나니,
묘한 음성을 내는 것도 가히 말할 수 없고,
정법의 수레바퀴를 전하는 것도 가히 말할 수 없다.

저 낱낱 법륜 가운데
수다라를 연설하는 것도 가히 말할 수 없고,
저 낱낱 수다라에
법문을 분별하는 것도 가히 말할 수 없다.

저 낱낱 법문 가운데
또한 모든 법문을 연설하는 것도 가히 말할 수 없고,
저 낱낱 모든 법문 가운데
중생을 조복하는 것도 가히 말할 수 없다" 한 등이라 하였다.

言九猶帝網者는 彼一一微塵이 旣各攝無邊刹海인댄 卽此刹等에 復有微塵이요 彼諸塵內에 復有刹海이니 是則塵塵不盡이요 刹刹無窮이라 如帝釋殿網이 重重重重하야 不可說其分量인달하야 而毘盧遮那도 亦重重重重하고 無盡無盡하야 常演說法이니라

아홉 번째 "제석궁의 거물과 같다"고 말한 것은 저 낱낱 미진이 이미 각각 끝없는 국토의 바다를 섭수한다면 곧 이 세계 등에 다시 미진이 있고, 저 모든 미진 안에 다시 국토의 바다가 있을 것이니,

이것은 곧 미진과 미진이 다함이 없고, 세계와 세계가 다함이 없는 것이다.
마치 제석궁전의 그물이 중중무진하고 중중무진하여 가히 그 분량을 설할 수 없는 것과 같아서, 비로자나 부처님도 또한 중중무진하고 중중무진하고 무진 무진하여 항상 법을 연설하는 것이다.

言十餘佛同은 下文自釋이니라

열 번째 "나머지 부처님도 이와 같다"고 말한 것은 아래 소문[526]에 스스로 해석하겠다.

---

[526] 아래 소문이란 탄허본은 44책, p.202, 10행이고, 영인본 화엄은 1책, p.263, 5행이니 『현담』 2권이다.

疏

然이나 上十類가 一一各遍法界하니 而前九는 正是遮那의 說法之處니라

그러나 이상에 열 가지 유형의 처소가 낱낱이 각각 법계에 두루하나니, 앞에 아홉 가지 처소는 바로 이 비로자나 부처님이 법을 연설한 처소이다.

鈔

然이나 上十類等者는 第三에 總結也니 由上十門에 初二는 有遍法界之言하고 從三至十은 皆略此言일새 故今總結皆遍이니라

"그러나 이상에 열 가지 유형의 처소"라고 한 등은 제 세 번째 모두 맺는 것이니,
위의 열 가지 문門에 처음에 두 가지 문은 법계에 두루한다는 말이 있고, 세 번째 문으로 좇아 열 번째 문에 이르기까지는 이 말[527]이 다 생략되어 있음을 인유하기에 그런 까닭으로 지금 "낱낱이 다 법계에 두루한다"는 말로 모두 맺는 것이다.

---

527 이 말이란, 법계에 두루한다는 말을 말한다.

疏

然이나 說十住等處가 雖復各遍法界와 乃至塵毛나 爲門不同하며 亦無雜亂이니라

그러나 십주를 설한 등의 처소[528]가 비록 다시 각각 법계와[529] 내지 털끝 세계에 두루하지만, 그 문문이 같지 않으며
또한 섞이어 산란하지도 않는 것이다.

鈔

然이나 說十住下는 第四에 釋妨이니 謂有問言호대 若忉利天에 說十住法이 旣遍虛空하고 周於毛道인댄 未知커라 夜摩天等에도 亦說十住不아 設爾何失이리오 二俱有過니라 若彼不說인댄 則說處不遍이요 若彼亦說인댄 處則雜亂이어늘 何以經中에 唯云호대 忉利에 說十住法하고 夜摩天處에 說十行等耶아할새 故爲此通이라 於中에 三이니 初는 總答前問이요 次는 重通再難이요 後에 一一會下는 以一例餘라 初中엔 卽隱顯門이니 一門이 顯時에 餘門이 則隱이라 如以十住爲門에 唯言十住遍이요 十行爲門에 唯明十行遍等이니 故云호대 爲門不同이며 亦無雜亂이라하니라

---

528 등이란, 십행十行을 설한 처소, 십향十向을 설한 처소, 십지十地를 설한 처소 등이다.
529 법계 운운은, 법계는 넓은 세계이고, 털끝 세계는 좁은 세계이고, 그 문門은 십주문·십행문 등이다.

"그러나 십주를 설한 등"이라고 한 아래는 제 네 번째 방해함을 해석한 것이니,

말하자면 어떤 사람이 물어 말하기를 "만약 도리천에서 십주 법문을 설한 것이 이미 허공에 두루하고 모도毛道[530]에 두루하였다면 알지 못하겠다.

야마천 등에서도 또한 십주를 설했는지 설하지 않았는지. 설사 그렇다 한들 무슨 허물이 있겠는가.

두 가지가 함께 허물이 있다.[531]

만약 저 야마천 등에서 설하지 않았다면 곧 설하는 곳이 두루하지 못할 것이요,

만약 저 야마천 등에서도 또한 설하였다면 처소가 곧 섞이어 산란할 것이어늘,

무슨 까닭으로 경문 가운데는 오직 도리천에서는 십주법만 설하고 야마천의 처소에서는 십행법만 설했다는 등을 말하는가" 하기에 그런 까닭으로 이 통석을 한 것이다.

그 가운데 세 가지가 있나니

처음에는 앞의 질문을 한꺼번에 답한 것이요,

다음에는 재삼 비난(問難)함을 거듭 통석한 것이요,

---

530 모도란, 소문에 털끝 세계(塵毛)이다. 모도는 범부의 다른 이름이다.
531 두 가지가 함께 허물이 있다고 한 것은, 마치 수산스님이 죽비라 부르면 곧 범(觸犯)이라 하고, 죽비라 부르지 아니하면 곧 위배되는 것이니, 유언有言도 얻을 수 없고 무언無言도 얻을 수 없다 하는 것과 흡사하다 하겠다. 두 가지란 설說과 불설不說이다.

뒤에는 낱낱 회의 품품[532]이라고 한 아래는 하나로써 나머지에 비례한 것이다.

처음 가운데는 곧 숨고 나타나는 문(隱顯門)이니,

한 문이 나타날 때에 나머지 문은 곧 숨는 것이다.

마치 십주로써 문을 삼음에 오직 십주의 두루한 것만 말하고, 십행으로써 문을 삼음에 오직 십행의 두루한 것만 밝히는 등과 같나니,

그런 까닭으로 말하기를 "그 문이 같지 않으며 또한 섞이어 산란하지도 않는 것이다" 하였다.

---

[532] 44책, p.202, 8행이다.

疏

若約十住與十行等이 全位相攝인댄 則彼此互無하야 各遍法界요 若約諸位相資인댄 則此彼⁵³³互有하야 同遍法界니

만약 십주와⁵³⁴ 더불어 십행 등이 완전히 지위가 서로 섭수함을 잡는다면, 곧 저 지위와 이 지위가 서로 없어서 각각 따로 법계에 두루할 것⁵³⁵이요,
만약 모든 지위가⁵³⁶ 서로 도우는 것을 잡는다면, 곧 저 지위와 이 지위가 서로 있어서 다 같이 법계에 두루할 것이니

鈔

若約十住로 至彼此互有하야 同遍法界者는 即第二에 重通再難이니 謂更有問言호대 若約爲門不同인댄 爲互相見不아 若相見者인댄 還成雜亂이요 若不相見인댄 何以知遍이리오 今答此問에 明有見不見이니 謂若約相即인댄 即不相見이요 若約相入인댄 則許互見이니라

"만약 십주와 더불어 십행 등이 완전히 지위가 서로 섭수함을 잡는다

---

533 차피此彼는 피차彼此로 바뀌어야 한다.
534 만약 십주 운운은 상즉문이다.
535 각각 따로 법계에 두루할 것이라 한 것은, 십주는 십주대로, 십행은 십행대로, 십지는 십지대로 각각 따로 법계에 두루한다는 것이다.
536 만약 모든 지위 운운은 상입문이다.

면"이라고 한 것으로부터 "저 지위와 이 지위가 있어서 다 같이 법계에 두루할 것"이라고 함에 이르기까지는 곧 제 두 번째 재삼 비난함을 거듭 통석한 것이니,

말하자면 다시 어떤 사람이 물어 말하기를 "만약 그 문이 같지 않다고 함을 잡는다면 서로 서로 보는가, 보지 못하는가.

만약 서로 본다면 도리어 섞이어 산란함을 이룰 것이요,

만약 서로 보지 못한다면 무슨 까닭으로 두루함을 아는가."

지금 이 질문을 답함에 "보고 보지 못함이 있음을 밝힌 것이니, 말하자면 만약 서로 즉함을 잡는다면 곧 서로 보지 못할 것이요, 만약 서로 들어감을 잡는다면 곧 서로 봄을 허락할 것이다."

言若約十住與十行等이 全位相攝인댄 則彼此互無하야 各遍法界者는 是相卽門이니 謂若以十住로 攝於餘位인댄 則唯有十住요 餘位는 如虛空이니 以餘位廢已하야 同十住故라 餘位도 亦爾하야 十住遍時에 非十行等遍일새 故로 云호대 各遍法界라하니라

"만약 십주와 더불어 십행 등이 완전히 지위가 서로 섭수함을 잡는다면, 곧 저 지위와 이 지위가 서로 없어서 각각 따로 법계에 두루할 것"이라고 말한 것은 이것은 서로 즉하는 문(相卽門)이니,

말하자면 만약 십주로써 나머지 지위를 섭수한다면[537] 곧 오직 십주만

---

537 십주로써 나머지 지위를 섭수한다고 한 것은, 십주가 능히 나머지 지위를 이루는 까닭으로 능섭能攝이 되는 것이고, 소성所成의 나머지 지위는 다 십주에 즉하는 까닭으로 나머지 지위는 자기 지위를 폐지하여 저 십주와

있고 나머지 지위는 허공과 같나니[538],
나머지 지위가 자기 지위를 폐지하여 십주와 같아지는 까닭이다.
나머지 지위도 또한 그러하여 십주가 두루할 때 십행 등이 두루하지 않기에 그런 까닭으로 "각각 따로 법계에 두루할 것이다" 말한 것이다.

言若約諸位相資인댄 則彼此互有하야 同遍法界者는 是相入門이니 以約力用互資하야 不壞自他니라 如兩鏡相照에 東鏡이 動時에 西鏡中之影도 亦動이니 故得同遍法界나 而有主伴일새 故非雜亂이니라

"만약 모든 지위가 서로 도우는 것을 잡는다면, 곧 저 지위와 이 지위가 서로 있어서 다 같이 법계에 두루할 것"이라고 말한 것은 이것은 서로 들어가는 문(相入門)이니,
힘의 작용이 서로 도와 자기의 지위와 다른 지위를 무너뜨리지 아니함을 잡은 것이다.
마치 두 거울이 서로 비춤에 동쪽의 거울이 움직일 때에 서쪽의 거울 가운데 그림자도 또한 움직이는 것과 같나니,
그런 까닭으로 다 같이 법계에 두루함을 얻지만, 주主와 반伴이 있기에 그런 까닭으로 섞이어 산란하지 않는 것이다.

같아지는 것이다. 그런 까닭으로 상즉문으로 말한다면 나머지 지위는 능히 즉하는(能卽) 것이고, 십주는 즉하는 바(所卽)이다.
538 허공과 같다고 한 것은 없다는 것이다.

如十住爲門인댄 帶十行等하고 同遍法界時에 但名十住遍이요 不名 十行等遍이라 若十行等爲門이라도 亦然이니 則有力能攝者는 爲主 요 無力被攝者는 爲伴이니라 前의 相卽門中엔 正十住遍時에 不妨餘 遍이로대 但隱顯不同耳니 十住遍時에 十行等이 卽隱하고 十行遍時 에 餘隱도 亦然이니라 依相卽門인댄 亦名爲純이니 遍周法界塵毛에 唯有十住等故요 後의 相入門인댄 亦名雜門이니 以諸位가 一時相資 遍故로 則十住中에 有十行等이니라 餘義는 至義理分齊中하야 廣辯 호리라

만약 십주로써 문을 삼는다면 십행 등을 차고 다 같이 법계에 두루할 때는 다만 십주가 두루한다고 이름할 뿐 십행 등이 두루한다고 이름하지 않는 것이다.
만약 십행 등으로 문을 삼을지라도 또한 그러하나니,
곧 힘이 있어 능히 섭수하는 지위는 주가 되고, 힘이 없어 저 지위에 섭수되는[539] 지위는 반이 되는 것이다.
앞에 서로 즉하는 문 가운데는 바로 십주가 두루할 때에 나머지 반이 두루하는 것이 방해되지 않지만, 다만 숨고 나타나는 것만 같지 아니할 뿐이니,
십주가 두루할 때는 십행 등이 곧 숨고,
십행이 두루할 때는 나머지 지위가 숨는 것도 또한 그러한 것이다.

---

539 원문에 피섭彼攝이라는 피彼 자는 혹 피被 자로 보기도 하나니, 즉 섭수함을 입는다고 번역한다. 따라서 소섭所攝이라 할 것이다.

서로 즉하는 문을 의지한다면 또한 이름이 순문純門이 되는 것이니, 법계와 털끝에 두루함에 오직 십주 등만 있는 까닭이요,

뒤에 서로 들어가는 문을 의지한다면 또한 이름이 잡문雜門이 되는 것이니,

모든 지위가 일시에 서로 도와 두루하는 까닭으로 곧 십주 가운데 십행 등이 있는 것이다.

나머지 뜻은 의리분제 가운데[540] 이르러 널리 분별하겠다.

---

540 의리분제 가운데라고 한 것은, 주자권宙字卷 37장, 하3행에 말하기를, "만약 저것과 저것을 섭수하여 나타나면 곧 서로 들어가는 문(相入門)이고, 만약 저것과 저것을 섭수하여 다하지도 못하고 나타나지도 못하면 곧 숨고 나타나는 문(隱顯門)이다" 하였다. 영인본 화엄은 1책, p.677, 3행이고, 탄허본은 46책, p.4행이다.

疏

一一會品은 準此知之니라

낱낱 회의 품은 여기에 미루어보면 알 수 있을 것이다.

鈔

三은 以一例餘라

세 번째는 하나로써 나머지에 비례한 것이다.

疏

十에 餘佛同者는 此佛이 既爾인댄 餘佛도 例然이니 故로 諸會結通에 皆云호대 我等諸佛도 亦如是說이라하니라

열 번째 "나머지 부처님도 이와 같다"고 한 것은 이 비로자나 부처님이 이미 그러하다면, 나머지 부처님도 예가 그러한 것이니,
그런 까닭으로 모든 회에서 맺어 통석함에 다 말하기를 "우리 등 모든 부처님도 또한 이와 같이 설한다" 하였다.

鈔

十에 餘佛同者下는 第五에 隨難重釋이라 中에 二니 先은 正顯同遍이요 後에 然主主下는 釋通妨難이라 前中엔 以堅窮三際하고 橫遍十方하야 佛佛德用과 說法皆同故니 故로 經에 云호대 三世諸佛이 已說今說當說이라하니라 疏中引經호대 我等諸佛도 亦如是說은 卽橫論也니 卽證法佛言也요 十地經에 云호대 我不見有諸佛世界에 彼諸如來가 不說此法은 卽金剛藏證法菩薩言也니라

열 번째 "나머지 부처님도 이와 같다"고 한 아래는 제 다섯 번째 비난함을 따라 거듭 해석한 것이다.
그 가운데 두 가지가 있나니
먼저는 다 같이 법계에 두루함을 바로 나타낸 것이요,
뒤에 그러나 주주와 주주라고 한 아래는 방해하여 비난함을 통석한

것이다.

앞의 다 같이 법계에 두루함을 바로 나타낸 가운데는 수로 삼제를 다하고 횡으로 시방에 두루하여 부처님과 부처님의 공덕 작용과 법을 설하는 것이 다 같은 까닭이니,

그런 까닭으로 십인품 경문[541]에 말하기를 "삼세에 모든 부처님이 이미 설하였고, 지금도 설하고, 당래에도 설할 것이다" 하였다. 소문 가운데 경문을 인용[542]하되 "우리 등 모든 부처님도 또한 이와 같이 설한다"고 한 것은 곧 횡으로 논한 것이니,

곧 설법을 증명하는 부처님의 말씀이요,

『십지경』에 말하기를 "내[543]가 모든 부처님의 세계에 저 모든 여래가 이 법을 설하지 아니함이 있음을 보지 못했다"고 한 것은 곧 금강장으로 설법을 증명하는 보살의 말이다.

---

541 경문이란 십인품 경문으로, 대정신수대장경 10권, p.232 중단에 있다.
542 소문에 인용한 경문은 십인품 경문이다.
543 아我는 금강장金剛藏이다.『십지경』의 금강장보살을 증명한 동명 금상상보살이다. 십지품에 말하기를, 그때 부처님이 신통력으로 시방의 각각 십억불찰미진수 세계 밖에 십억불찰미진수 보살들이 이곳에 와서 이렇게 말하였다. "거룩합니다. 금강장이여, 이 법法을 잘도 연설하십니다. 우리들은 다 동명 금강장입니다. 우리들은 우리의 세계에 있으면서 부처님의 위신력을 받아 이 법을 연설합니다. 지금 모든 부처님의 위신력으로 이 회중에 와서 당신의 설법을 증명합니다" 하였다.
이상은 중간 중간 생략하고 뜻으로 인용하였다. 신수대장경 10권, p.209 하단에 있다. 그러나 여기 초문에 인용한『십지경』은 신수대장경 10권, p.536 중단에 있다.

疏

然이나 主主는 不相見하고 伴伴은 不相見이나 主伴伴主는 則互相見하나니 若互不相見인댄 卽各遍法界어니와 互相見故로 同遍法界니 亦無雜亂하며 亦無障礙니라

그러나 주와 주는 서로 보지 못하고,
반과 반은 서로 보지 못하지만,
주와 반과 반과 주[544]는 곧 서로 서로 보나니,
만약 서로 서로 보지 못한다면 곧 각각 법계에 두루하거니와
서로 서로 보는 까닭으로 다 같이 법계에 두루하나니,
또한 섞이어 산란하지도 않으며,
또한 장애되지도 않는 것이다.

鈔

然이나 主主下는 二에 通難이니 謂有問言호대 餘佛說處가 與遮那佛로 爲相見不아 設爾何失이리오 二俱有過니 謂若相見인댄 卽乖相遍이요 若不相見인댄 卽乖主伴이라할새 故爲此通이라 謂見與不見이 二義俱成이니 二互相見에 主伴義成이요 見與不見에 遍義皆成이니 但各遍同遍이 以爲異耳니라

---

544 주주主主는 一句이고, 반반伴伴은 二句이고, 주반主伴은 三句이고, 반주伴主는 四句이다.
이 주반의 뜻은 『현담』 1권 44책, p.60, 말행 이하를 참고하여 보라.

"그러나 주와 주"라고 한 아래는 두 번째 비난함을 통석한 것이니,
말하자면 어떤 사람이 물어 말하기를 "나머지 부처님이 설하는 처소
가 비로자나 부처님으로 더불어 서로 보는가, 보지 못하는가. 설사[545]
그렇다 한들 무슨 허물이 있겠는가.
두 가지가 함께 허물이 있나니
말하자면 만약 서로 본다면 곧 서로 두루함이 어그러질 것이요,
만약 서로 보지 못한다면 곧 주와 반이 어그러질 것이다" 하기에,
그런 까닭으로 이 통석을 한 것이다.
말하자면 보는 것과 더불어 보지 못하는 두 가지 뜻이 함께 성립하
나니,
둘이 서로 서로 봄에 주와 반이라는 뜻이 성립하고,
보는 것과 더불어 보지 못하는 것에 두루한다는 뜻이 다 성립하나니,
다만 각각 따로 두루하고 같이 두루하는 것이 다를 뿐이다.

文具四句하니 言主主는 不相見者는 遮那爲主時에 十方餘佛은 但得
爲伴이요 不得爲主며 若餘佛爲主면 遮那가 亦卽爲伴이요 不得爲主
니 故로 云호대 主主不相見이라하니라

소문에 네 구절이 있나니,
"주와 주는 서로 보지 못한다"고 말한 것은 비로자나가 주가 될
때에 시방의 나머지 부처님은 다만 반이 됨을 얻고 주가 됨을 얻을

---

545 설사 운운은 44책, p.200, 4행에 유사한 문장이 있으니 참고하라.

수 없으며,
만약 나머지 부처님이 주가 되면 비로자나가 또한 곧 반이 되고 주가 됨을 얻을 수 없나니,
그런 까닭으로 말하기를 "주와 주가 서로 보지 못한다" 하였다.

二에 伴伴은 不相見者는 如諸佛이 爲遮那伴時에 遮那가 更不得爲伴일새 故로 云호대 伴伴不相見이라하니 非謂彼諸伴佛이 自不相見이니라 言主伴伴主는 則互相見者는 卽第三第四句也니 三에 主伴得相見者는 如遮那가 爲主하야 見餘伴佛인댄 伴佛도 亦見遮那故니라 四에 伴主相見者는 如遮那가 爲伴하고 餘佛爲主인댄 則得相見이니라 然이나 三四二句는 義則不異로대 但約一人이 互通主伴일새 故成四耳니라 言無雜亂者는 結爲門別故요 言無障礙者는 約常融攝故니라

두 번째 "반과 반은 서로 보지 못한다"고 한 것은 저 모든 부처님이 비로자나의 반이 될 때에 비로자나가 다시 반이 됨을 얻을 수 없기에, 그런 까닭으로 말하기를 "반과 반은 서로 보지 못한다" 한 것이니, 저 모든 반불伴佛이 스스로 서로 보지 못한다고 말한 것은 아니다.
"주와 반과 반과 주는 곧 서로 서로 본다"고 말한 것은 곧 제 세 번째 구절과 제 네 번째 구절이니,
세 번째 "주와 반이 서로 봄을 얻는다"고 한 것은 저 비로자나가 주가 되어 나머지 반불을 보면 반불도 또한 비로자나불을 보는 까닭이다.

네 번째 "반과 주가 서로 본다"고 한 것은 저 비로자나가 반이 되고, 나머지 부처님이 주가 되면 곧 서로 봄을 얻는 것이다.

그러나 두 번째와 네 번째의 두 구절은 뜻이 곧 다르지 않지만, 다만 한 사람이 주와 반에 서로 통함을 잡았기에 그런 까닭으로 네 구절을 이루는 것뿐이다.

"섞이어 산란하지 않는다"고 말한 것은 그 문門이 다름546을 맺는 까닭이요,

"장애되지도 않는다"고 말한 것은 항상 융합하여 섭수함을 잡은 까닭이다.

---

546 44책, p.200, 1행에 문이 같지 않다 한 것이니, 문門이란 십주문·십행문 등이다.

疏

又上十處가 共爲緣起하야 擧一全收니 以一一處가 稱法性故며 而隨前一一時하야 皆遍此諸處하며 又隨一一處하야 皆具前時하야 頓說此經이라 此猶約器世間說이어니와 若約智正覺과 及衆生世間인댄 卽一一佛身의 支節毛孔에 皆攝無盡重重之刹하며 普賢衆生도 一一皆爾하나니 竝是遮那說經之處니라

또 위에 열 가지 처소가 함께 연기가 되어 하나를 거론함에 전체를 섭수하나니,
낱낱 처소가 법의 자성에 칭합하는 까닭이며,
앞에 낱낱 시간[547]을 따라 다 이 모든 처소[548]에 두루하며,
또 낱낱 처소를 따라 다 앞에 시간을 갖추어 이『화엄경』을 한꺼번에 설하신 것이다.
이것은 오히려 기세간을 잡아 설한 것이어니와, 만약 지정각세간과 그리고 중생세간을 잡아 설한다면, 곧 낱낱 부처님 몸의 사지 마디와 털구멍에 다 끝이 없는 중중의 세계를 섭수하며,
보현보살과 중생도 낱낱이 다 그러하나니,
아울러 이것은 비로자나가『화엄경』을 설한 처소이다.

---

547 낱낱 시간은 십시十時이다.
548 모든 처소는 십처十處이다.

鈔

又上十處下는 第六에 總融十義라 於中에 分三호리니 初는 正顯十義融通이요 次에 而隨下는 對時顯處요 後에 此猶約下는 通顯甚深이니 謂上十重은 但是器世間耳요 未說佛毛孔과 及衆生毛孔中事나 一一皆悉重重無盡이니라 言普賢衆生이 一一皆爾者는 普賢을 若望如來인댄 亦名衆生世間이요 若望衆生인댄 亦名智正覺世間이니라 又 擧普賢하야 則攝一切菩薩이니라

"또 위에 열 가지 처소"라고 한 아래는 제 여섯 번째 열 가지 처소의 뜻을 모두 융합한 것이다.
그 가운데 세 가지로 나누리니,
처음에는 열 가지 처소의 뜻을 융합하여 통석함을 바로 나타낸 것이요,
다음에 앞에 낱낱 시간을 따른다고 한 아래는 시간을 상대하여 처소를 나타낸 것이요,
뒤에 이것은 오히려 기세간을 잡아 설한 것이라고 한 아래는 깊고 깊은 뜻을 모두 나타낸 것이니,
말하자면 위에 십중의 처소는 다만 이 기세간을 잡아 설한 것일 뿐이고, 부처님의 털구멍과[549] 그리고 중생의 털구멍 가운데 사실은 아직 설하지 않았지만 낱낱이 다 중중으로 다함이 없다[550]는 것이다.

---

549 부처님의 털구멍 운운은 아직 지정각세간과 중생세간을 설하지 않았다는 것이다.

보현보살과 중생이 낱낱이 다 그렇다고 말한 것은 보현보살을 만약 여래에게서 바라본다면 또한 이름이 중생세간이요,
만약 중생에게서 바라본다면 또한 이름이 지정각세간이다.
또 보현보살을 거론하여 곧 일체 보살을 섭수하는 것이다.

---

550 중중으로 다함이 없다고 한 것은 설법의 처소가 중중무진하다는 것이다.

청량 징관(淸凉 澄觀, 738~839)

중국 화엄종의 제4조.

절강성浙江省 월주越州 산음山陰 사람으로, 속성은 하후夏侯, 자는 대휴大休, 탑호는 묘각妙覺이다.

11세에 출가하여 계율, 삼론, 화엄, 천태, 선 등을 비롯, 내외전을 두루 수학하였다. 40세(777년) 이후 오대산 대화엄사에 머물면서 『화엄경』을 여러 차례 강설하였으며, 이를 토대로 『대방광불화엄경소』 60권, 『대방광불화엄경수소연의초』 90권을 저술하고 강의하였다. 796년에는 반야삼장의 『40권 화엄경』 번역에 참여하였고, 덕종에게 내전에서 화엄의 종지를 펼쳤다. 덕종에게 청량국사淸涼國師, 헌종에게 승통청량국사僧統淸涼國師라는 호를 받는 등 일곱 황제의 국사를 지냈다.

저서로 『화엄경주소華嚴經註疏』, 『화엄경수소연의초華嚴經隨疏演義鈔』, 『화엄경강요華嚴經綱要』, 『화엄경략의華嚴經略義』, 『법계현경法界玄鏡』, 『삼성원융관문三聖圓融觀門』 등 400여 권이 있다.

관허 수진貫虛 守眞

1971년 문성 스님을 은사로 출가, 1974년 수계, 해인사 강원과 금산사 화엄학림을 졸업하고, 운성, 운기 등 당대 강백 열 분에게 10년간 참문수학하였다.

1984년부터 수선안거 10년을 성만하고, 1993년부터 7년간 해인사 강원 강주로 학인들을 지도하였다.

대한불교조계종 교육위원, 역경위원, 교재편찬위원, 고시위원, 중앙종회의원, 범어사 율학승가대학원장 및 율주를 역임하였다.

현재 부산 승학산 해인정사에 주석하면서, 대한불교조계종 단일계단 계단위원·존증아사리, 동명대학교 석좌교수, 동명대학교 세계선센터 선원장 등의 소임을 맡고 있다.

청량국사화엄경소초 2 - 화엄현담 ②

초판 1쇄 인쇄 2020년 4월 10일 | **초판 1쇄 발행** 2020년 4월 20일
청량 징관 **찬술** | 관허 수진 **현토역주** | **펴낸이** 김시열
펴낸곳 도서출판 운주사

(02832) 서울시 성북구 동소문로 67-1 성심빌딩 3층
전화 (02) 926-8361 | 팩스 0505-115-8361

ISBN 978-89-5746-594-3 94220
ISBN 978-89-5746-592-9 (총서)   값 20,000원
http://cafe.daum.net/unjubooks 〈다음카페: 도서출판 운주사〉